北京城市新空间书写与文化转型

本书为北京市社会科学基金项目
"北京城市新空间书写与文化认同研究"（编号：17WXB001）的成果

周春霞 著

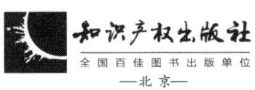

知识产权出版社
全国百佳图书出版单位
—北京—

图书在版编目（CIP）数据

北京城市新空间书写与文化转型/周春霞著.—北京：知识产权出版社，2024.6
ISBN 978-7-5130-9219-7

Ⅰ.①北… Ⅱ.①周… Ⅲ.①城市文化—建设—研究—北京 Ⅳ.①G127.1

中国国家版本馆 CIP 数据核字（2024）第 029848 号

责任编辑：干颖超　　　　　　　责任校对：潘凤斌
封面设计：杨杨工作室·张冀　　责任印制：刘译文

北京城市新空间书写与文化转型
周春霞　著

出版发行：	知识产权出版社有限责任公司	网　址：	http://www.ipph.cn
社　址：	北京市海淀区气象路50号院	邮　编：	100081
责编电话：	010-82000860转8655	责编邮箱：	wangyingchao@cnipr.com
发行电话：	010-82000860转8101/8102	发行传真：	010-82000893/82005070/82000270
印　刷：	三河市国英印务有限公司	经　销：	新华书店、各大网上书店及相关专业书店
开　本：	720mm×1000mm　1/16	印　张：	13.25
版　次：	2024年6月第1版	印　次：	2024年6月第1次印刷
字　数：	200千字	定　价：	98.00元
ISBN 978-7-5130-9219-7			

出版权专有　侵权必究
如有印装质量问题，本社负责调换。

目 录

绪　论　空间理论与空间书写 ·········· 001
　一、空间书写的理论资源 ·········· 004
　二、社会转型与城市新空间 ·········· 008
　三、城市新空间书写中的北京 ·········· 013

第一章　消费空间书写与文化转型 ·········· 021
　一、改革开放的空间想象 ·········· 024
　二、消费空间与文化坚守 ·········· 029
　三、新兴阶层与新空间 ·········· 037

第二章　家居／性别空间书写与文化冲击 ·········· 043
　一、家居空间与文化抗争 ·········· 045
　二、市场法则与空间正义 ·········· 054
　三、性别空间与文化偏见 ·········· 059

第三章　节点空间书写与文化凝视 ·········· 077
　一、京漂小说的空间寓言 ·········· 080
　二、胡同书写与马赛克结构 ·········· 092
　三、出租屋中的城乡书写 ·········· 103

第四章　回忆空间书写与文化乡愁 ············ 113
一、回忆空间与文化乡愁 ············ 115
二、文化记忆与身份认同 ············ 125
三、天际线空间与文化记忆 ············ 133

第五章　全球化空间书写与文化认同 ············ 139
一、到世界去的现代想象 ············ 142
二、全球空间与阶层流动 ············ 149
三、全球化空间与文化乡愁 ············ 160

第六章　赛博空间书写与文化景观 ············ 167
一、城市空间与媒介景观 ············ 169
二、空间赛博化与实践主体 ············ 175
三、赛博化城市空间的叙事 ············ 180

结　语 ············ 187

参考文献 ············ 193

后　记 ············ 205

绪　论
空间理论与空间书写

空间是政治性的、意识形态性的。它是一种完全充斥着意识形态的表现。

——［法］列斐伏尔

刘易斯·芒福德在《城市文化》一书中指出："城市——诚如人们从历史上所观察到的那样——就是人类社会权力和历史文化所形成的一种最大限度的汇聚体。"❶ 同时，更为重要的是，无论是作为实体的城市，还是作为文化的载体，都需要活生生的个人体验构成的"真实的"城市与由再现和幻想组成的"想象中的"城市相互影响，才成为被人们所感知的城市。标志性建筑、大街小巷、结构与布局，都要化为文艺作品中的文学或影像，承载着人们的记忆与情感。更由于文艺作品能更加深入、细致地将主客体及其之间的关系传达出来。文学与外部世界的关系并不是单纯的"镜子"论。迈克·克朗曾经对文学空间作过这样的论述："文本并不是单纯反映外部世界。指望文学如何'准确'地和怎样地应和着世界，是将人引入歧途。这样一种天真的方法错过了文学景观大多数有用的和有趣的成分。文学景观最好是看作文学和景观的两相结合，而不是视文学为孤立的镜子，反映或者歪曲外部世界。同样，不仅仅是针对某种客观的地理知识，提供某种情感的响应。相反，文学提供观照世界的方式，显示一系列趣味的、经验的和知识的景观。称此种观点是主观论，实是错失要领。文学是一种社会产品——它的观念流通过程，委实也是一种社会的指意过程。"❷

因而，从某种意义上来说，从空间书写的研究角度进入城市、城市文化、城市文化转型的研究，能更加深入地挖掘城市空间转型背后的机制及要

---

❶ 刘易斯·芒福德. 城市文化［M］. 宋俊岭，李翔宁，周鸣浩，译. 北京：中国建筑工业出版社，2009，导言：1.
❷ 迈克·克朗. 文化地理学［M］. 杨淑华，宋慧敏，译. 南京：南京大学出版社，2003：72.

素。我们需要解决的问题是：在商品化过程中，出现了哪些新空间？新空间所表征的城市文化发生了哪些变化？如何应对伴随市场经济而来的价值观念与评判标准的转变？如何通过对空间书写的分析深入探寻并重新定义城市文化特性？西方现代化进程中空间生产的过程，与中国现代性中空间生产的过程，存在哪些共同与差异？中国现代化进程中，空间转型如何表现各种力量之间的竞争与博弈？作为首都的北京，空间转型表征着怎样的城市文化转型？

一、空间书写的理论资源

对"空间"的关注在我国并非从现代开始，中国古代空间文化十分丰富并颇具特色。中国古代观象授时的空间原型文化、象物天地的空间模式、体系化的空间意象、山川定位的空间构图、透视组合的空间设计，在城市的多个方面均有体现：无论是城市选址、结构布局，还是建筑特色，都体现出中国特有的空间文化。在这方面，北京作为典型代表屡被提及。然而，今天的城市空间研究，更多受到西方空间理论转向的影响。西方空间理论与城市研究越来越多地引发中国学者的思考，尤其是中国城市化进程与全球化进程更是凸显出城市在发展中的独特地位，因而，如何有效运用西方空间理论解决中国都市化进程中的问题是研究重心所在。

自"空间转向"以来，国外空间理论家生产出大量的空间理论，如福柯的"异托邦"理论、列斐伏尔的"社会空间"与"空间生产"理论、戴维·哈维（又译大卫·哈维）的"后现代地理学"视野下的空间理论、索亚的"第三空间"理论以及为寻求空间正义而写的"空间三部曲"、詹姆逊的"后现代空间"理论、克朗的文学地理学研究……这个名单也许还可以再增加下去，空间已经成为城市研究绕不过去的一个问题域。中国的都市文化与空间研究也成果丰硕：对西方都市文化与空间理论的译介蔚为大观，包括上海教育出版社出版的"都市与文化"丛书、江苏凤凰教育出版社出版的"世界城市研究精品译丛"、上海人民出版社出版的"都市文化研究译丛"等系列作品；中国学者对西方都市文化研究与空间理论的多元阐释，包括陆扬对空间理论的研究、阎嘉对戴维·哈维的后现代地理学和空间理论的分析、方英对塔利的"文学空间性"的阐释、龙迪勇空间叙事理论的建构等。关于北京城市空间的研究集中在城市地理、城市史等学科领域，尤其集中在早期北京城市空间的规划方面。

综上所述，如果将目前针对中国城市，尤其是北京城市空间研究成果加以归纳的话，大体上可以看出目前"空间"研究还有一些不足的地方。

（一）需要关注中国城市空间复杂性

首先，从宏观层面而言，中国城市空间复杂性在于城乡二元对立结构的存在以及现代性想象问题。在从乡土中国迈向现代化的过程中，城市一方面承载着人们对现代生活的向往，一方面又摆脱不了城乡二元对立结构的社会历史语境。这种复杂性表现在中国现当代文学上，是相应地出现了乡土叙事、进城叙事、城市文学、返乡叙事等文学题材。从这些题材来看，虽然伴随着中国现代化进程的加速，城市文学越来越繁荣，但中国城市文学的书写始终有乡土中国的影响存在。北京题材的文学作品更是如此。近些年来，"新北京"书写、"新北京作家群"的提出，也显示出北京城市文化及其文化身份的多重性以及历史演进中的文化多元性。

其次，西方多种文化思潮涌入中国，但并不像西方一样有一条清晰的发展脉络。中国城市发展在漫长的历史发展进程中，有时候转变极为缓慢，而自从改革开放以来，又呈现出多种城市空间类型同时涌现的局面。因而，中国城市空间与空间书写的关系并不像美国学者理查德·利罕在《文学中的城市：知识与文化的历史》中所指出的那样，西方城市的兴起与五花八门的文学运动有割不断的联系，尤其是与小说和继之而起的叙事模式。❶ 这些叙事模式基本上可以按时间顺序来展开。中国的城市空间书写并不像西方文学那样，可以梳理出一条从喜剧现实主义到浪漫现实主义，再到自然主义、现代主义、后现代主义的清晰脉络出来。可以说，现代主义与后现代主义几乎同时进入中国，共同影响城市空间书写。

最后，科技发展与全球化进程极大地改变了城市空间。全球化使城市与城市之间的联系更加紧密。城市成为全球流动空间的节点。科技发展促进了赛博空间的出现，尤其是城市空间在真实空间与虚拟空间可以实现迅速切换。手机等智能设备成为嵌入人体的"义肢"，人已经成为赛博人，城市空间也相应赛博化，家庭空间这个私人空间与工作场所的区分越来越小，"云生活"成为日常生活实践的重要组成部分，这些都极大地改变了人们的认知与体验。

（二）需要关注空间主体生命体验与文化认同

改革开放以来，城市文化受到消费文化冲击，城市空间不断进行着结构重组、转型。城市空间被消费文化浸染后，无论是空间向资源生产的转型，还是人们在空间中的消费行为，都与之前迥异。随着城市化进程的加速，大量的个人或群体快速向城市聚集，在城市定居、工作和生活。中国的城市化进程不但深刻地改变着城市的人口构成，城市"移民"也面临着"身份"的转换、融入、认同。由于从一种环境到另一个新的、陌生的环境，尤其是乡村文化与城市文化的差距，"移民"的空间实践、生命体验、文化认同都面临着调整与适应的过程。尤其是北京，不论是近现代时期，还是当前，都是人们热衷于投向其中的重要城市，北京成了实现梦想、走向国际、实现现代化的重要空间场所，他们在北京的生活状态与生命体验被作家生动

---

❶ 理查德·利罕.文学中的城市：知识与文化的历史［M］.吴子枫，译.上海：上海人民出版社，2009：3.

地呈现于笔端,将他们与北京初次相遇、在边缘徘徊、在生活的洪流中奋斗挣扎、在其中观望凝视的状态一一记录下来。如冯雷所言:"20世纪初,艺术家最先意识到空间发生着剧变,于是他们把对世界的这种内心把握用绘画表达了出来。今天的艺术家仍然在用艺术表达着他们对当代的理解。尽管在抽象思维主宰的文明社会里,艺术的象征表达方式和功能都发生了变化,但是它始终在顽强地表达着。世界总是象征性地展现在艺术当中,站在艺术的角度说,一切皆可象征。"[1] 这里虽然描述的是绘画领域的状况,同样也适用于文学领域。

城市的快速发展也给北京原住民带来极大的不适感。他们熟悉的那个敦厚宽容、中正平和的北京,被市场经济裹挟着快速变化。居住空间、工作空间、休闲空间都在发生巨变,胡同、四合院、部队大院、茶馆等快速被居住小区、整齐划一的写字楼、昏暗幽闭的咖啡馆所取代,熟悉的空间场景渐渐消失。他们感慨于市场经济带来的空间巨变,也体味着随之而来的价值观的变迁。在王朔、刘恒、石一枫等作家的笔下,他们或感慨着昔日不再,或抵抗着文化转型,或戏谑地调侃着城市移民。女性作家如陈染等,则从公共空间不断退缩到"私人空间",以身体作为女性最后的私密空间,抵抗着外部空间的侵袭与扩张,守护着属于自己的最后领地。她们虽然有机会接触西方文化,但是西方文化同样不是她们的最终福祉,在自己营造的"城堡"里,她们守着最后一份尊严。

上述北京城市空间书写虽然不断被学者们研究,但是尚未从空间理论角度给予充分的重视。如徐则臣从国际空间的角度对北京在全球化地理地标中的问题与困境的书写,荆永鸣对现代都市中北京原住民的凝视与观察,石一枫将社会问题纳入北京城市空间书写中,事实上北京城市空间书写建构着不同于西方现代化进程的空间文化体验与多元文化碰撞与文化认同的曲折过

---

[1] 冯雷. 理解空间:20世纪空间观念的激变[M]. 北京:中央编译出版社,2017:26-27.

程，但是这些目前还有待发掘。

（三）需要关注北京城市空间研究及时间维度

21世纪以来，在空间转向的影响下，文学地理学蓬勃兴起，从空间角度进行文化研究或文艺作品研究成为一种重要文化现象。然而，一方面，由于对空间概念本身的理解存在偏差，以及西方理论资源引入中国地域文学分析时的在地化分析不够，造成这类研究依然存在概念模糊、词不达意、流于描述、理论与文本相脱离等问题；另一方面，21世纪以来具有浓郁北京特色的"京味文学"逐渐变味，"地理上的北京文学已经不存在了"。这些现象都提醒我们，要对北京城市文化进行深入研究，既需要从理论上的空间转向中汲取资源，又需要根据本土的理论与实践进行在地化研究。为此，本书从当前文艺现象以及空间理论存在的问题入手，提出对北京城市"新空间"进行研究，并在对空间的概念进行梳理的基础上回答何谓城市"新空间"，以及"新空间"研究的意义与价值。

二、社会转型与城市新空间

（一）"新空间"的时间之维

从理论层面而言，研究"新空间"是对当前空间研究优缺点的扬弃，是对时间、空间的双重关注。自列斐伏尔《空间的生产》一书出版，标志着"空间转向"的发生开始，空间研究逐渐受到人们的重视。城市规划与设计、文化研究、城市影像研究等都从空间研究中汲取理论资源。福柯对"异质空间"的研究、雷蒙·威廉斯对乡村与城市关系的思考、列斐伏尔对社会空间的重视，以及戴维·哈维从地理学的角度对空间进行的解读、索亚对"第三空间"的诠释和对空间正义问题的关注，使得空间研究更加深入人心。除此之外，美国城市理论家凯文·林奇将"城市意象"作为研究对象，将典型的城市意象分为"道路、边界、区域、节点、标志物"这五个要素。简·雅各布斯通过对美国城市的问题展开反思，提倡城市回归自然发展。这些理论成果使得社会文化研究从原来的时间或历时性转到空间性上来。

但是，问题也由此而来，即空间转向在将空间因素置入马克思主义的理论中时，因强调空间性在某种程度上造成了对于历时性的忽视。按照列斐伏尔的空间生产理论，在资本主义社会中，空间生产是资本主义运行的方式，社会不断制造出新空间，以满足社会再生产的需要。新空间在生产的过程中，必然要挤压、侵占旧空间。于是，城市空间在社会转型过程中，对新空间的渴望与冲破旧空间的欲望，即空间焦虑与空间想象同时产生。各种力量在新空间的生产过程中充满了矛盾冲突与力量博弈，生活于其中的主体也在新旧空间转换过程中充满了身份与文化认同的焦虑。因而，从理论上而言，对城市新空间进行研究，将空间研究注入时间因素，将有利于从更根本的层面上揭示空间生产的复杂性。

从实践层面而言，"新空间"是对现实城市问题的及时回应。自改革开放以来，古都北京的面貌不断发生变化：工作空间从工厂、车间过渡到写字楼、格子间；胡同、四合院、大院作为生活空间逐渐淡出人们的经验范围，社区及广场成为生活空间的主要形式；新的地标式建筑不断涌现，标识着这座城市不断迈向现代化、国际化的步伐；边缘空间不断出现在文艺作品中，展示着城乡矛盾与社会转型的阵痛。

与之同步，作为现实生活的审美观照，北京题材文艺作品也渐渐有了不同于京味文学的新特色，新空间不仅成为文艺作品的叙事空间，也不断成为它们的审美表现对象，表达着创作者们的新空间体验。因而，对北京城市新空间及其文学书写与影像呈现进行研究已经迫在眉睫。空间理论为这类研究提供了丰富的理论资源，这一借鉴于地理学的理论资源"不在于它清楚明了表明万事发生于空间之中，而是在于发生的'地点'，对于了解它们'如何'发生、'为什么'发生,是举足轻重的"❶。

(二)"新空间"的概念演变

要研究城市"新空间",自然要从空间的概念上将"新空间"与传统空间作出区分。然而,由于事物总是处于变动之中,今日还是新生事物,也许转眼就会成为明日黄花。况且城市的变化正在进行且大有一日千里之势,更是令"新空间"无法准确定位。当然,更重要的原因还在于"空间"概念本身存在着内涵与外延上的拓展,使得空间成为一个不容易定义的词汇。在许多研究者那里,存在着概念使用的随意性与分类的重合现象。比如都市空间、休闲空间、社会空间、家居空间、公共空间、私人空间等概念层出不穷,这些概念有时相互交叉,有时又不在一个逻辑层面上。人们已经将空间作为一个自明的概念来使用,却忽视了对空间概念进行辨析梳理。

从词源学的意义上而言,"空间"首先是指它的物理属性。《现代汉语词典》中对"空间"的定义是:物质存在的一种客观形式,由长度、宽度、高度表现出来,是物质存在的广延性和伸张性的表现。因而,"空间"具有了它的第一重属性:物理属性。这是空间最根本的属性,也是最容易为人们所理解的属性。当我们提及城市空间的时候,它最直接的意义是指一个具有长度、宽度、高度的客观形式。就北京这座古都而言,它可以指古韵犹存的宫城建筑,也可以指鳞次栉比的高楼大厦;它可以指历久弥新的皇家园林,也可以指近年兴建的奥林匹克森林公园。

但是今日提及空间,其内涵与外延显然已经远远超出了物理属性的层面。20世纪西方理论界发生的"空间转向"将空间看作人类生存的根本状态,从而打破了原来对时间性的重视。这与现代性对时间转瞬即逝的短暂感与流逝感完全不同,因而被称为后现代理论话语。

---

❶ BARNEY W, SANTA A. The Spatial Turn: Interdisciplinary Perspective [M]. London: London Routledge, 2008: 1. 转引自:陆扬. 空间批评的谱系 [J]. 文艺争鸣, 2016 (5): 80.

与福柯将空间与权力、知识结合起来,从异质空间去考察权力的运作机制不同,列斐伏尔围绕空间展开了系统思考,他的空间观刷新了之前人们对空间的认识。列斐伏尔认为,不存在纯粹物质主义的空间,空间是政治经济的产物,空间参与了商品的生产过程,也参与了历史的进程。列斐伏尔指出,空间不是一个中性概念,而是一种生产,这是列斐伏尔在空间理论方面的一个重要观点。他认为,"整个社会生产出了它的空间,或者是,如果人们愿意这样说的话,整个社会生产出了一个空间"❶。于是,"空间中的生产"变成了"空间生产"。

在充分吸收列斐伏尔空间理论的基础上,戴维·哈维进一步从历史—地理唯物主义的角度出发,对空间进行阐发。如他自己所言,空间是"我们语言中最为复杂的词语之一",为此,他并没有简单地给出空间的定义,而是借鉴吸收了德国哲学家恩斯特·卡西尔、美国符号学家苏珊·朗格、亨利·列斐伏尔的观点,结合自己的地理学家身份,建构了一个关于空间的矩阵,来对空间作出解释。❷

在矩阵中,戴维·哈维首先从其中一个维度上区分了绝对空间、相对空间与相关空间。绝对空间与物理属性的空间一致,"绝对空间是固定的,我们在其框架内部表明或者规划各种事件。这属于牛顿和笛卡尔的空间,它通常被表现为一种预先存在和固定不变的坐标方格,可以用标准化的尺度衡量,并且易于计算"❸。此外,戴维·哈维指出,还存在着相对空间与相关空间两种不易定义的空间。在这里,我们已经感受到戴维·哈维的空间定义中空间生产的关系性因素,以及逐渐从主体性过渡到社会实践的特征。

由于空间在社会实践活动中展开,因此,戴维·哈维将空间的另一维指向了空间的主体感受。根据笛卡尔"感官的""知觉的""象征的"三重划

---

❶ 亨利·列斐伏尔. 空间与政治 [M]. 李春, 译. 上海: 上海人民出版社, 2015: 31.
❷ 戴维·哈维. 作为关键词的空间 [J]. 阎嘉, 译. 外国美学, 2014 (1): 129-153.
❸ 戴维·哈维. 作为关键词的空间 [J]. 阎嘉, 译. 外国美学, 2014 (1): 130.

分，戴维·哈维区分了"物质空间""对空间的表现""表现的空间"三种空间，"对空间的表现"指"概念化的空间"，"表现的空间"指"经历过的空间"。

至此，我们可以梳理出空间概念的两个维度，即在这些理论家那里，空间以物理空间为原点，向两个维度上拓展，一个维度通过概念化/符号化指向一种关系式空间，另一个维度则指向一种体验式空间。

（三）"新空间"的文化碰撞

列斐伏尔更愿意用"都市社会"来概括及指称当代社会所处位置及状况——"我宁愿用都市社会一词来指认各种趋势、方向和潜在性，而不是指任何既定的现实。"❶ 显然，列斐伏尔并不想将都市社会看作一种既定事实，而是希望通过这个词汇的使用，"来描述都市社会的形成和发展，使其与一种进程和一种实践联系起来"❷。

正像刘怀玉教授在"都市问题研究论丛"的总序里所说的那样："众所周知，在日益全球化的过程中，回归地方已经成了一个并不容易的问题，甚至地方认同和乡愁等都难以落地，更不用说在很多国家的城市文化建设中，殖民活动的影响尚且若隐若现；都市社会中的人们在社会快速变化中、在空间多点位移动中找到自己并非易事；日益普遍化的城市生活方式正在走向智慧、绿色与生态之途，但城市顽疾也随之如影随形；对于城市发展形式而言，蔓延、紧缩并存，城市化和逆城市化互动。城市、农村、区域、空间、资本、市场等紧密联系在一起，构成了这个时代的瑰丽画卷。"❸

---

❶ 亨利·列斐伏尔.都市革命［M］.刘怀玉，张笑夷，郑劲超，译.北京：首都师范大学出版社，2018：4.
❷ 亨利·列斐伏尔.都市革命［M］.刘怀玉，张笑夷，郑劲超，译.北京：首都师范大学出版社，2018：5.
❸ 亨利·列斐伏尔.都市革命［M］.刘怀玉，张笑夷，郑劲超，译.北京：首都师范大学出版社，2018，总序：8.

三、城市新空间书写中的北京

理查德·利罕指出，"城市是一个变化中的而非静态的领域。随着物质的城市不断演进，文学对它的再现方式，也在不断地演进。""城市和文学文本已然有着密不可分的共同的历史，对城市的阅读只不过是另一形式的文本阅读。"❶ 加斯东·巴什拉将注意力从物理的空间转向想象的空间，也就是从客观的理论思考转向诗意的想象，发展出一种诗意想象的现象学取径。"空间因而从心智的客体转变成为与灵魂深刻回响的力量。而意象在我们的心里共振，彻底捉住我们。"❷ 本书尝试将当代北京城市空间与文艺作品的空间书写结合起来，在两者的互文性中形成一种历史性、全球性视野，北京城市空间既具有强烈的隐喻性，也具有物理实在性。

以北京为例来研究城市空间书写，显然有一个脱域与再嵌入的过程。在全球化背景下，现代城市似乎越来越难以区分，空间与地点的分离越来越明显。在《现代性的后果》一书中，安东尼·吉登斯在将前现代与现代作了一番比较之后指出："虚化空间"成为现代性的后果。虽然"时间的虚化"是"空间的虚化"的前提，但是"空间的虚化"带来的一个严重后果就是，空间（space）与地点（place）的分离。"在前现代社会，空间和地点总是一致的，因为对大多数人来说，在大多数情况下，社会生活的空间维度都是受'在场'（presence）的支配，即地域性活动支配的。现代性的降临，通过对'缺场'（absence）的各种其他要素的孕育，日益把空间从地点分离了出来。"❸ 在该书的后半部分，吉登斯指出，可以用"再嵌入"的方法来解决"脱域"的情况。

---

❶ 理查德·利罕. 文学中的城市：知识与文化的历史［M］. 吴子枫，译. 上海：上海人民出版社，2009：380.
❷ 加斯东·巴什拉. 空间诗学［M］. 龚卓军，王静慧，译. 北京：世界图书出版公司，2017：11.
❸ 安东尼·吉登斯. 现代性的后果［M］. 田禾，译. 南京：译林出版社，2000：16.

英国社会学家迈克·费瑟斯通在《消费文化与后现代主义》一书中指出:"城市总是有自己的文化,它们创造了别具一格的文化产品、人文景观、建筑及独特的生活方式。甚至我们可以带着文化主义的腔调说,城市中的那些空间构型、建筑物的布局设计,本身恰恰是具体文化符号的表现。"❶ 对爱德华·W.索亚来说,洛杉矶是"一切都汇聚在一起"的地方,他甚至把洛杉矶称为"范式之地",在这个世界里,"人们可以以一种彼此衔接的互动的结合方式同时看到微观与宏观、研究特殊规律与研究普遍性规律、具体与抽象"。❷ 对戴维·哈维来说,重建的巴黎是其关注的焦点。❸ 特定的城市空间承载着不同的城市文化、身份认同与历史记忆。特别是随着近些年全球化浪潮与城市化进程的不断加快,网络新媒体的传播使网红打卡地成为许多新兴城市的新招牌,而传统城市因其深厚的历史文化积淀、新兴力量的大量涌现、各种文化的碰撞交流,也不失其研究价值。

改革开放以来,北京城市空间书写与中国城市化进程密切相关,在城市化进程中,作为首都的北京,与世界上很多大城市的发展有着某种共同的规律性,同时,也不可避免地具有属于自身的特殊特征与发展特色,与其他一线城市,如上海、广州、深圳等相比,也是独具特色,有迥异的发展道路与城市文化。因而,对北京城市空间进行研究,既是对中国的城市化进行一般规律研究,也是对独具特色的京味地域文化进行深入细致的分析。就这方面而言,选择北京城市空间更符合列斐伏尔的研究思路,因为在北京城市空间中,人们可以看到各种趋势、方向和潜在性。在北京城市空间中,集中了人们对现代化城市的想象与向往,也集中了很多的城愁与乡愁,"大城市病"与"怀乡病"时常发作。作家石一枫指出,所有人都看得见北京,更多的人

---

❶ 迈克·费瑟斯通.消费文化与后现代主义[M].刘精明,译.南京:译林出版社,2000:139.

❷ 爱德华·W.索亚.后现代地理学:重申批判社会理论中的空间[M].王文斌,译.北京:商务印书馆,2017:290.

❸ 大卫·哈维.巴黎城记:现代性之都的诞生[M].黄煜文,译.桂林:广西师范大学出版社,2010.

了解北京。如果写北京写得不够真、功力不够，全国人民都会给你挑错。北京不是某个作家的地盘，北京是全国人民的北京。❶

由于如前所述的原因，在对北京城市空间书写进行研究的过程中，笔者将视角放在如下几对关系之中进行辨析研究。

（一）北京城市新空间：乡土与都市

北京城市新空间书写，与中国独特的城乡结构有密切的关系。

首先，城市空间本身不断发生变化。刘易斯·芒福德在《城市文化》的导言中指出："城市——诚如人们从历史上所观察到的那样——就是人类社会权力和历史文化所形成的一种最大限度的汇聚体。……城市，就成为一种象征形式，象征着人类社会中种种关系的总和。"❷ 20 世纪 90 年代在市场经济的大潮洗礼之下，北京城市空间开始发生急剧的变化。湖山、宫殿渐渐被圈起来，成为公园里的公共景观，宅院、阁楼渐渐被封闭社区取代。四合院和胡同距离普通百姓的生活越来越远，成为稀有商品，谁如果在京城有个四合院，一定被视为巨富；温美的礼貌与诚实的交易化为商业领域的钩心斗角与生死决斗；徐缓的脚步也被现代化的快节奏生活冲击得凌乱不堪。

其次，观察角度的变化。北京城市空间与"京味文学"有天然的联系。作为地域文化的代表，"京味文学"作家不断书写着这个城市与城市文化，为人们呈现出独特的地域文化，但是随着城市在物理结构上变得越来越复杂，城市人群也不断发生着变化和重组。多年以来的城市化也促使更多人从乡村进入城市，尤其是北上广之类的一线城市。在城市化、全球化的影响下，城市原住民、移民、外来人口、务工人员的人口组成较之前更为复杂。"京味文学"也因观察人口组成的变化增加了新的观照视角。每一类人群都提供一种阅读城市的方式。"新京味文学"的代表作家们在观照北京这

---

❶ 石一枫.文学和城市之间［J］.粤港澳大湾区文学评论，2021（5）：113-116.
❷ 刘易斯·芒福德.城市文化［M］.宋俊岭，李翔宁，周鸣浩，译.北京：中国建筑工业出版社，2009，导言：1.

座城市的时候,和之前的"京味作家"有很大差异。边缘人、移民等为代表的"他者"视角大量出现。从情感态度上来看,"新京味作家"对北京大多抱有一种审视与观察的态度。如赵园在《北京:城与人》中所说的那样,"他们居住于城,分享着甚至也陶醉于这城市文化的一份和谐,同时又保有知识者、作家的清明意识,把城以及其他人一并纳入视野。他们是定居者与观察者"。❶

(二)北京城市新空间:世界与地方

艾伦·J.斯科特将城市视为关键的经济与社会活动围绕其共同的功能重心集聚所产生的一种地理空间现象。❷在根据经济及城市化形态特征作了历史分期之后,他聚焦于资本主义的"第三次浪潮"及其在全球范围内发展所形成的新城市形态,采用"认知—文化资本主义"一词来形容当今世界上许多地方开始形成的新经济与社会活动,主要涉及现代经济中基于高水平智力与情感劳动投入的一些核心部门,包括高技术设备、软件、金融与商务服务、高级个人服务如医药与人类发展,以及符号—体验类产品如电影、音乐、电子游戏、旅游与时尚等。在认知—文化资本主义推动下,第三次城市化浪潮在空间布局上呈现出由大都市区域或城市—区域组成的全球马赛克格局。

在全球马赛克格局中,作为中国的首都,北京从整体上与全球城市之间形成重要关联,同时,在其内部也正在经历重大的空间转型。北京城市空间书写无疑通过各种方式反映着实体空间的转型与变化。北京师范大学教授刘勇在谈到京味文学时,指出"北京当下的城市形态正处在一个特殊阶段:作为一个具有丰富历史文化资源的文化城市,北京城市的传统文化资源无论如何都不能丢弃或者任其走样,而跻身于国际化大都市的目标又使得北京城市现代化的进程刻不容缓。可以这样说,传统文化与现代理念的冲突比以往

---

❶ 赵园.北京:城与人[M].北京:北京大学出版社,2014:12.
❷ 艾伦·J.斯科特.浮现的世界:21世纪的城市与区域[M].王周杨,译.南京:江苏凤凰教育出版社,2017,中文版序:1.

任何时候都要剧烈，甚至达到了一种白热化的状态，双方都已经到了碰撞的临界点，而这种崭新的城市形态是以往京味文学作品都未曾涉及过的"❶。"作为一种将城市文化与文学及城中人紧密结合在一起的地域文学方式，京味文学的内涵既有因为空间区域的相对稳定所决定的静态的、稳定的一面，也由于其流动的时间性特征，具有不断丰富的动态特征。城市和人在新的历史语境下不断进行着自我更新，文学亦如此……传统的京味文学难以把握新的历史阶段北京人的复杂心理状态和新北京城多样化的城市景观，而京味文学近几年的创作实绩则体现了它为适应新的时代社会环境作出的自我努力和调整——实现京味文学的自我更新，以最熨帖的形式和手法传递新世纪中城市和城中人的面影。"❷

（三）北京城市新空间：实体与虚拟

"赛博空间"一词首次出现在加拿大科幻小说家威廉·吉布森（William Gibson）的短篇小说《融化的铬合金》（*Burning Chrome*）中。这篇小说1982年发表于 OMNI 杂志上。但是由于威廉·吉布森的《神经漫游者》影响更大，一般会把"赛博空间"视为出自《神经漫游者》这部小说。自此之后，"赛博空间"一直都是科幻电影的主要叙事图景，其乌托邦色彩与超时空体验吸引着无数观众为之倾倒。随着移动互联网技术的普及运用，赛博空间不再只是虚无缥缈的幻境，开始进入日常生活。自此理论界开始从技术哲学的角度对赛博空间进行理论研究，可谓成果丰硕。威廉·J.米切尔将网络空间构成的"软城市"称为"比特之城"，将之视为与砖石、建筑、钢铁构成的城市并存互补的存在；❸ 约斯·德·穆尔将赛博空间视为与日常现实性紧密交织在一起的空间，提醒人们关注赛博空间对日常生活的"殖民化"现

---

❶ 刘勇.北京历史文化十五讲［M］.北京：北京大学出版社，2009：372.
❷ 刘勇.北京历史文化十五讲［M］.北京：北京大学出版社，2009：373.
❸ 威廉·J.米切尔.比特之城：空间·场所·信息高速公路［M］.范海燕，胡泳，译.北京：生活·读书·新知三联书店，1999.

象；[1]迈克尔·海姆就虚拟实在进行了哲学的形而上探讨；[2]凯瑟琳·海勒对控制论中的虚拟身体进行探讨揭示人类进入"后人类"的生存处境；[3]斯科特·麦夸尔将当前的城市称为"媒体城市"，指出媒体与建筑紧密融合在一起，形成"地理媒介"。[4]这些研究显示，城市空间的赛博化已成为21世纪城市的基本发展趋势或已然事实。

然而，自空间转向以来，目前城市空间研究的理论资源还停留在福柯、列斐伏尔、索亚等为代表的现代及后现代空间理论层面，虽然曼纽尔·卡斯特尔对信息时代的城市文化进行过研究，[5]但总体而言，目前理论界对城市空间的赛博化或赛博化城市空间缺乏深刻的体认，不能及时回应日常生活环境的新变；加之学者们对赛博空间于人类的影响也言人人殊：他们中的一部分认识到赛博空间具有打破传统地理空间区隔的特性，将之作为民主得以产生的基础，[6]而另一些学者如澳大利亚学者斯科特·麦夸尔对赛博空间对公共空间的冲击，[7]英国学者斯各特·拉什对主体的身体卷入、时空压缩带来的批判失效等问题展开思考，[8]因而从总体上来说，城市空间的赛博化或赛博化城市空间研究还有待进一步展开。

科技发展带来的全新时空体验促使人们思考：赛博化城市空间与传统

---

[1] 约斯·德·穆尔.赛博空间的奥德赛：走向虚拟本体论与人类学［M］.麦永雄，译.桂林：广西师范大学出版社，2007.

[2] 迈克尔·海姆.从界面到网络空间——虚拟实在的形而上学［M］.金吾伦，刘钢，译.上海：上海科技教育出版社，2000.

[3] 凯瑟琳·海勒.我们何以成为后人类：文学、信息科学和控制论中的虚拟身体［M］.刘宇清，译.北京：北京大学出版社，2017.

[4] 斯科特·麦夸尔.地理媒介：网络化城市与公共空间的未来［M］.潘霁，译.上海：复旦大学出版社，2019.

[5] 曼纽尔·卡斯特尔.信息时代的城市文化［M］//汪民安，等.城市文化读本.北京：北京大学出版社，2008.

[6] 迈克尔·海姆：从界面到网络空间——虚拟实在的形而上学［M］.金吾伦，刘钢，译.上海：上海科技教育出版社，2000.

[7] 斯科特·麦夸尔.地理媒介：网络化城市与公共空间的未来［M］.潘霁，译.上海：复旦大学出版社，2019.

[8] 斯各特·拉什.信息批判［M］.杨德睿，译.北京：北京大学出版社，2009.

城市空间相比，有哪些新特点？主体是如何在感受新时空体验的同时改变了自身存在状态的？城市影像而非科幻影片是如何表现当代赛博化城市空间的？赛博化城市空间给现有空间理论带来哪些挑战？正如威廉·J.米切尔所言，"摆在我们面前的最为关键的任务不是敷设数字化的宽带通信线路和安装相应的电子设备，甚至也不是生产可以通过电子手段发行的内容，而是想象和创造数字化的媒介环境，从而使我们能过上我们所向往的生活，并建设我们理想中的社区"❶。迈克尔·海姆提出的问题则是我们对实在的感觉如何改变，转而思考计算机逻辑给人类带来的变化。❷

如何理解并想象数字化城市空间中的媒介环境对人类生活甚至人类本身带来的变化，成为最基本也是最重要的问题。有的学者试图用索亚的第三空间理论来解读与分析赛博化城市空间，但这一解释也并不尽如人意，诚如《第三空间：去往洛杉矶和其他真实和想象地方的旅程》的译者陆扬教授所说："第三空间概念的提出，特别是在索亚所描述的层层网络里，本身似也还是疑云密布。……第三空间同赛博空间又有什么关系？这些疑问，思想起来又是头绪纷繁的事情了。"❸英国学者斯各特·拉什也不无担忧地指出："全球信息秩序本身已经抹灭并吞噬了一切先验／超越的事物，再也没有这种批判存在的余地了——不仅空间上如此，在时间上亦然，我们已经无所逃于信息秩序之间，因此对信息的批判，将不得不来自于信息内部。"❹

不得不说，斯各特·拉什不仅指出了问题，同时也给出了解决问题的路径，这与利罕通过叙事与媒介交流建构起自我身份与文化身份认同的研究框架有异曲同工之妙，即可以通过影像叙事对城市空间的赛博化现象或赛博

---

❶ 威廉·J.米切尔.比特之城：空间·场所·高速公路[M].范海燕，胡泳，译.北京：生活·读书·新知三联书店，1999：5.

❷ 迈克尔·海姆.从界面到网络空间——虚拟实在的形而上学[M].金吾伦，刘钢，译.上海：上海科技教育出版社，2000.

❸ Edward W. Soja.第三空间：去往洛杉矶和其他真实和想象地方的旅程[M].陆扬，等译.上海：上海教育出版社，2005：20.

❹ 斯各特·拉什.信息批判[M].杨德睿，译.北京：北京大学出版社，2009：1.

化城市空间进行学理分析与理论反思。为此，本书将涉及城市空间的影像作品作为研究对象，通过审视影视作品对当代城市赛博化空间的表现发现伴随着城市空间赛博化而来的空间意象体系系统化位移、空间实践主体存在论转向、空间线性叙事网格化困境，以期对城市空间赛博化现象有进一步的认识。

本书无意对北京城市空间转型作一个精准的判断。但是用列斐伏尔的话来说，研究都市革命是一个"透视盲域"❶的过程。北京作为一个颇具象征意义的都市空间，始终生产着城市化进程中诸多权力空间与社会关系，也生产着全球化进程中北京在西方文化渗透下的诸多多元空间与文化关系，同时，赛博空间与城市空间的赛博化带来的时空体验的变化，空间实践主体或被某些学者称为"赛博人"出现的过程，也是不容小觑的。从文本进入城市，与从城市进入文本是一个双向的过程，理查德·利罕说："城市是都市生活加之于文学形式和文学形式加之于都市生活的持续不断的双重建构。"❷这句话的意义不仅在于他将城市看作文学运动的动力与背景，也不仅在于他看到文学对城市的建构作用，更重要的是理查德·利罕看到了文学与城市是"双重建构"，即将城市空间与城市空间书写看作互相作用、互相建构、互相成就的关系性存在。

---

❶ 亨利·列斐伏尔.都市革命[M].刘怀玉，张笑夷，郑劲超，译.北京：首都师范大学出版社，2018.

❷ 理查德·利罕.文学中的城市：知识与文化的历史[M].吴子枫，译.上海：上海人民出版社，2009：3.

第一章
消费空间书写与文化转型

我们的城市就是我们消费的对象和消费的场所。本质上，城市实际上只不过是一个消费的空间，我们在其间明显把自己表现为一个消费社会的公民。消费处在当代城市意识形态的核心部位……

——［英］斯蒂芬·迈尔斯

第一章　消费空间书写与文化转型

　　意欲对北京城市空间演进及新空间书写进行分析,最恰当的切入点莫过于 20 世纪 90 年代这个关键时期。如果说此前的国营工厂、部队大院、食堂共同构成了社会主义生产空间,大杂院、职工宿舍、家属院、工人文化宫等构成了极具中国特色的社会主义生活娱乐空间的话,那么,北京城市空间在 20 世纪 90 年代开启了结构上的重构过程。在此后 30 年的历史进程中,市场经济浪潮裹挟着城市开启了一个新的历史阶段。如果说在这场巨大的变迁中,有什么最大的变化的话,那么英国学者斯蒂芬·迈尔斯所说的"本质上,城市实际上也只不过是一个消费的空间,我们在其间明显把自己表现为一个消费社会的公民。消费处在当代城市意识形态的核心部位……"❶,而北京也未尝不是如此。从经济学、城市规划学等角度来看,城市空间结构大规模重构势必是经济发展的动力与城市美化运动的组成部分。但是,若想考察在这个历史转型期,处在这场变动中的空间实践主体的复杂心理动态、城市文化的延续与新生,还要从这一阶段的空间转型书写中去寻觅答案。

　　列斐伏尔的空间理论提醒我们,每一个社会都会生产出它自己的空间。在此意义上,社会文化转型无疑会带来空间转型与变化,空间转型与变化也反映着社会文化的转型。但是正如空间理论家们所指出的那样,由于之前过于强调时间,空间往往被人们所忽视。因而,这一时期的作品往往很少被人从空间理论的角度加以理解与分析,加之如前所述西方对消费社会、消费文化的批判,影响了人们对消费空间的思想观念,这种情况在 20 世纪 90 年代北京题材的文艺作品中也表现得比较突出。1990 年,张暖忻导演的电

---

❶ 斯蒂芬·迈尔斯.消费空间[M].孙民乐,译.南京:江苏教育出版社,2013:1.

影《北京，你早》现实主义地描写了北京某公交公司司售人员在改革大潮中的故事，获得了香港国际电影节年度十大影片。1997年，刘恒的小说《贫嘴张大民的幸福生活》在《北京文学》杂志上发表，虽然空间叙事极为鲜明，但大部分的评论仍然将关注点聚集在"贫嘴"和"幸福"这两个关键词上。同样在1997年，从张艺谋导演的都市喜剧《有话好好说》中，人们捕捉到了转型期都市人的骚动不安却忽略了空间变化。1999年张扬执导的《洗澡》，更多的评价将澡堂作为背景，看到是的邻里百态父子亲情，却没看到消费社会商业空间正在悄然间吞噬代表澡堂这类传统空间。这一时期，由于改革开放的进一步深入，市场经济模式开始形成，城市空间正在发生巨大的变化。按照列斐伏尔的说法，空间并不是单纯的容器，空间本身是意识形态的产物，有强烈的政治色彩。用这种理论来反观20世纪90年代的文艺作品，会发现这一时期的作品中对空间转型已经多有涉及，只是因为大家还没有从空间的角度来观照这些作品，因而，重读这些作品，会有很多新的发现。

一、改革开放的空间想象

面对汹涌而至的消费大潮，鲍德里亚从对"物"的分析不断深入到对人的处境的判断。人与物形成的消费关系正在形成对主体的奴役。在消费场中，人们消费的并非只是商品本身，而是商品所代表的能指或商品所指代的符码。消费逻辑通过意象性的符码关系让人们进行一种消费游戏。而消费的逻辑，形成了一种消费意识形态，"消费社会也是进行消费培训、进行面向消费的社会驯化的社会——也就是与新型生产力的出现以及一种生产力高度发达的经济体系的垄断性调整相适应的一种新的特定社会化模式"[1]。

随着消费时代及消费文化对人类生活的影响力越来越大、越来越普及，

---

[1] 让·鲍德里亚.消费社会[M].刘成富，全志钢，译.南京：南京大学出版社，2014：63.

对消费空间的研究也成为学者们的重要议题。在这方面，早在1970年，鲍德里亚就对社会中存在的主导性消费现象进行分析批判。而斯蒂芬·迈尔斯在《消费空间》中，则对后工业城市日渐成为消费空间的现实展开批判，他认为消费正在成为一种无所不在的权力，成为后工业社会的实际控制力量，令人无法抗拒。"城市与其说是一个属于人并服务于人的地方，不如说是一个消费效益最大化的装置。"❶ 这两种观点基本上是从批判视角展开对消费空间分析的。然而，西方空间转向的理论资源固然为我们提供了一个观察问题的视角，但是想要考察北京城市空间转型与空间书写特点，还要从这一时期的作品入手。

张暖忻导演的《北京，你早》（1990）是一部描述改革开放初期社会文化转型的一部影片。影片主要讲述的是北京某公交公司司售人员在社会文化转型时期的复杂关系与矛盾心态的故事。不过值得说明的是，与其说这部影片的精彩之处在于用现实主义的创作手法表现了当时的现实生活，不如说这部影片对空间的处理有其独到之处。按照戴维·哈维对空间所作的分类——他将空间分为物理空间、表征的空间与空间的表征三个层面，来理解空间的含义——影片巧妙地将物理空间、表征的空间与空间的表征缝合在一起。

如果对影片中出现的空间进行分类，可以发现其中主要出现了两类空间。一类是作为与原有城市文化和生产关系（主要是计划经济体制）而存在的封闭、拥挤的公交车，以及象征女主人公艾红黑暗、逼仄的家庭空间。另一类则是象征现代生活的写字楼、卡拉OK厅等空间。两类空间的并列呈现出强烈的对比效果。两相比较，后者宽敞、现代、灯光闪烁，而前者黑暗、拥挤、破破烂烂。影片对两类空间的并列式呈现充分，表现了主人公在两个空间中的生活状态。

在新生活面前，女性往往被塑造成更进步的典型。这点在英国作家劳

---

❶ 斯蒂芬·迈尔斯.消费空间[M].孙民乐，译.南京：江苏教育出版社，2013：2.

伦斯的《虹》里表现得淋漓尽致。当男人在土地上辛苦耕作的时候，女主人公的目光却投向了更远处的街道、城市。对远方以及新生活的向往一直都是女性更加值得书写的地方。《北京，你早》中的女主人公艾红，无疑是社会主义文化中的新女性，"妇女能顶半边天"的文化痕迹犹存。作为售票员，在公交车这个空间中，她们维持秩序、引导人流，在司机与乘客之间，充当着重要角色。但是当她偶然进入象征现代空间的写字楼之后，她与《虹》里的女性一样，也开始了对新生活的向往与追求。在写字楼那时刻不停旋转着的门前，她迷失了方向。这种迷失与失落的感觉在与邹永强逛街时更加强烈了。市场经济的萌芽已经在街道那小商贩的衣服摊上萌发出来，已经在灯红酒绿的卡拉OK厅里萌发出来。后来与假留学生陈明克的相遇，事实上是艾红对生活选择的结果。

《北京，你早》选择公交车作为故事的主要场景，可以说正好表现了空间所代表的文化与生产关系给人带来的压迫感、拥挤感。人文地理学家段义孚曾经指出空间与感受之间的辩证关系。他认为："第一，对宽敞的感受是相对而言的……第二，文化和经验会强烈地影响对环境的阐释。"❶ 他同时指出，中国人从古代起已经认识到这点。当诗人们感觉到自己的生存空间狭小时，会大呼"大道如青天，我独不得出"。拥挤、封闭的公交车强烈地隐喻着时代的问题。

王朔的小说对改革开放初期城市的快速变化也表示不太适应。在《动物凶猛》中，王朔表示，他羡慕那些来自乡村的人，在他们的记忆里总有一个回味无穷的故乡，"尽管这故乡其实可能是个贫困凋敝毫无诗意的僻壤，但只要他们乐意，便可以尽情地遐想自己丢失殆尽的某些东西仍可靠地寄存在那个一无所知的故乡，从而自我原宥和自我慰藉"❷。而他自己却从很小便离开出生地，来到北京，从此再也没有离开过，这里就如同他的故

---

❶ 段义孚.空间与地方：经验的视角[M].王志标，译.北京：中国人民大学出版社，2017：45.

❷ 王朔.动物凶猛[M]//王朔.王朔精品文集.太原：北岳文艺出版社，2003：93.

乡。然而,"这个城市一切都是在迅速变化着——房屋、街道以及人们的穿着和话题,时至今日,它已完全改观,成为一个崭新、按我们标准挺时髦的城市"❶。于是,王朔不断书写着儿时对大院空间的记忆,以此来怀念那段生活。其中既包括《看起来很美》中方枪枪对大院空间的儿童视角的呈现,也包括《动物凶猛》中荷尔蒙喷发的"我"穿梭在宽敞空荡的大院空间里的美好时光。

王朔也以大段的笔墨描写了城市景观的变化。小说主人公在北京、广州等不同的城市间往返穿梭,在市场经济的搅动下,人心开始骚动不安。广州各种颜色的计程车如同五彩斑斓的大鸟一样带着客人穿行在高架马路上,"马路下面的闹市区广告招牌、霓虹灯比比皆是,繁华商业街一条挨一条,人群熙攘车辆川流,形成一大片五光十色跳动着活力的花花世界到处充溢着了光"。❷北京当然也不例外。《顽主》《一点正经没有》等小说中的主人公大多西装革履,出入的场合多是咖啡馆、高档饭店和餐厅,以出租车代步,大街两边多是摆放着琳琅满目商品的橱窗,游乐场、电影院、体育场等公共空间成了小说一再书写的城市景观。

在王朔之后,继续以"京味小说"的固有书写特征进行写作的是青年作家石一枫,他不仅是一个土生土长的北京本地人,还是一个"大院子弟"。石一枫喜欢王朔的作品,早期的作品模仿王朔的风格,也因此一度被一些文学评论家称为"新一代顽主"或"痞子文学"继承人。在石一枫《我眼中的"大院文化"》❸这篇随笔中,提供了他是如何对大院文化产生认同感的信息。从小在大院长大的石一枫认为生活是无所事事、安定祥和、等级分明的。在高中时期观看了《阳光灿烂的日子》后,他重新审视自己的生活,给自己做了一个角色定位。第一次在"大院子弟"这个身份上找到了认同。正如同

---

❶ 王朔.动物凶猛[M]//王朔.王朔精品文集.太原:北岳文艺出版社,2003:93.
❷ 王朔.动物凶猛[M]//王朔.王朔精品文集.太原:北岳文艺出版社,2003:297.
❸ 石一枫.我眼中的"大院文化"[J].艺术评论,2010(12):39-42.

《红旗下的果儿》中描写的陈星和小北，石一枫在大院里的生活是和从小一起长大的哥们弟兄厮混。他崇尚义气和个人英雄主义，生活中还出现过像陈星、小北因为"拍婆子"打架的现象。王朔的书和姜文的电影，使生长在那个时代的大院子们逐步构建了自我认同，出自本能地对大院文化产生迷恋和拥护。但是石一枫很快就意识到，在现实中大院子弟的生活并没有作品中演绎得那样刺激。在那个上山下乡去当知青的年代，大院子弟可以去当兵，这是一种特权的体现，彰显了大院子弟身份的独特性和优越性。而随着时代的发展，所有少年唯一的目标都变成了考大学。在"贵贱一码平"的时代，大院的光环被剥落了。

　　石一枫大院文化意识的产生，恰恰出现在其本身已经快消失殆尽的时候。他清楚地知道自己是"有文化没大院"的一代，也清楚地知道现实和王朔的书中存在着差距。所以在石一枫早期受到大院文化影响创作的作品《红旗下的果儿》中，"坏"学生陈星并没有那么的"痞"，而是更多地表现为一种个人英雄主义，连"拍婆子"都是为了保护张红旗的名声。石一枫在王朔文学的影响下，结合自己作为大院子弟的亲身经历，创作出了陈星这样一个既有个人英雄主义又有些纯情的人物。伴随着北京现代化和国际化进程的深入，社会迈入经济发展繁荣的新时期。伴随着大环境的改变和对自我表达的强烈渴望的摒弃，石一枫的创作进入了转型，其作品开始以探讨社会性问题为主旨，描写大时代背景下的小人物故事。他顺时势变化放弃了顽主叙事，开始用赵小提、庄博益这样的帮闲视角叙事。帮闲游离于社会主流之外，不愿意直接与社会发生真实、密切的关系，并以此为荣，以"不俗"自居，并以此鄙视"俗人"。石一枫将此称为犬儒主义者。赵小提、庄博益等人其实是老实人，他们追求道义的社会，只是世风日下不愿同流合污，便以一种"混日子"的形象示人。尤其是赵小提这个人物，和石一枫本人存在着一些相似之处：喜欢音乐和小提琴，做着一份文化事业，"可以随便被女孩挤兑"。石一枫自身身份认同的转变，是他的创作由顽主叙事转换为帮闲叙事的原因之一。如今的石一枫更倾向于将自己定义为一个关心社会问题，"操心点不沾边"的事的普通人。

二、消费空间与文化坚守

刘恒是比较早从空间角度对改革开放以来北京城市变迁与文化转型加以书写的作家。20世纪八九十年代刘恒发表了一系列城市小说，如《黑的雪》《白涡》《虚证》《贫嘴张大民的幸福生活》等，这些小说不仅书写了城市在消费文化刚刚开始袭来时空间上的细微变化，也通过迷路青年、漫游青年，将城市空间演变在人物心理上的投影以细腻的笔触描写下来。在刘恒的笔下，北京城市原本温情但冷酷已初见端倪的"小杂院"、混杂着商品经济气息的街道、走在市场经济前沿的歌舞厅等空间，不断言说着一场传统的美好与宁静，正在被消费文化的喧嚣所侵袭的文化转型即将到来的前夜或黎明时分的故事场景，正在北京这个承载着政治、经济、文化等多种功能的城市空间中展开。

北京城市文化似乎天然地将乡土文化与城市文化融为一体。赵园在《北京：城与人》中，通过中国现代知识分子对北京独特情感的探寻，将北京定位为"乡土社会"，"北京把'乡土中国'与'现代中国'充分地研发化、肉身化了"。❶赵园认为，"只有乡土社会，才能缔结这种性质的城与人的精神契约的吧，人与城也才能在如此深的层次上规定与被规定"。❷然而，伴随改革开放而来的消费空间的崛起，在刘恒的小说《黑的雪》中有充分的体现。

（一）"大街上的现代主义"

小说《黑的雪》中更有特色的描写在于其对消费文化转型过程中的

---

❶ 赵园.北京：城与人[M].北京：北京大学出版社，2014：6.
❷ 赵园.北京：城与人[M].北京：北京大学出版社，2014：7.

"街道"呈现。"街道"作为公共空间,其本身就是社会文化的重要组成部分。小说《黑的雪》所描述的街道与本雅明从波德莱尔那里看到的处于文化转型期的街道书写更有其相通之处。

《黑的雪》的故事产生于改革开放初期的20世纪80年代。主人公李慧泉被强制劳改三年后,回到他此前生活的家中。他在狱中的时候,母亲去世,家里已经空无一人。"家屋"在这个小说中似乎并没有带给李慧泉多少温情,在邻居罗大妈和民警小刘的帮助下,李慧泉成了个体经营户。小说一开始就将主人公李慧泉抛在一个独特的空间中。这个空间既来自传统,也处于向现代过渡的时候。"传统对于北京城而言,不是一种抽象的能指,也并非来自遥远乡村的愚昧观念。它经历了几千年的风雨,已经成为整个城市无意识中最坚稳的一部分。它挥之不去地漂移在城市的空间形态、居民的日常生活、行为方式和精神构成之中。比如胡同、四合院、小杂院,等等。"❶但是,和这些代表传统的空间相比,小说更精彩的部分在于对正在兴起的消费空间的描写。

美国学者马歇尔·伯曼在《一切坚固的东西都烟消云散了:现代性体验》一书中,借用评论家特里林所创造的一个词"大街上的现代主义",分析波德莱尔对大街的书写中所体现的现代主义。"我希望本书的读者会记得,我们的大街,正是现代主义的所在地。开放的道路通往公众的广场。"❷如同波德莱尔首先从大街上发现了现代性一样,在《黑的雪》中,刘恒同样用大量笔墨描写了改革开放之初作为公共空间的大街经历的变化。刚从监狱里出来的李慧泉,如同本雅明笔下的"浪荡子"一样,在大街上游荡、生活,体验着消费文化带来的变化,排斥却又无可奈何地在大街上经历着现代性对他灵魂的洗礼。

---

❶ 张柠,许姗姗.迷途的青春期与得道的成年期:刘恒的城市系列小说研究[J].中北大学学报(社会科学版),2010,26(6):1.
❷ 马歇尔·伯曼.一切坚固的东西都烟消云散了:现代性体验[M].徐大建,张辑,译.北京:商务印书馆,2013:11.

街道空间首先承载着自由市场的功能。计划经济下受到限制的消费空间，在市场经济下如雨后春笋，到处寻觅生长空间。街道为自由市场提供了空间与可能性。

"李慧泉在东大桥路南的便道上占了一席之地。这是指定售货点，水泥砖上有白漆标的号码和两平方米左右的一个框框。框框连着框框，有的有人，有的没人。他把摊架子搭好，蒙严摊布罩。三轮车成了柜台，人像是进了小帐篷。背后是铁栅栏和红绿灯，左边不远是东西人行横道，右边不远是南北人行横道，前方是东大桥百货商店的停车场。"❶

不过，与本雅明笔下的"浪荡子"不同的是，李慧泉要在大街上讨生活。他不可能像西方那些"游荡子"，沿着拱廊街观察一个一个橱窗，从橱窗里看到现代主义。街道与其说是供他们观赏的地方，不如说给了他们生存的空间。在这个空间里，他们摸爬滚打，起早贪黑，感受着冷漠的消费文化正在一点点吞噬传统的温情文化。

街道带给李慧泉的感受是现代性的冷漠。"东大桥"为李慧泉提供了经济来源与生存空间，也改变着李慧泉的思维习惯、为人处世的思维模式。原本以为会羞涩、不敢开口吆喝的他很快就适应了信口开河要价的生活。但是此时的他，却与周围人产生了难以捉摸的陌生感、疏离感。"小伙子给他烟抽，他没接。他自己抽烟时，也没打算递过去。他不准备跟任何人套近乎，凡是生人都得提防。"❷

从京味文学第一代作家老舍开始，多数京味文学作家是擅长写商业文化的。但是他们所描绘的商业文化，不管是胡同里小本经营的坐贾行商，还是老字号的商业格局与情调，都带有强烈的商业道德与宗法社会的鲜明印记。《茶馆》中王利发的礼仪规范、《牛天赐传》中牛天赐的中庸谦和、《钟鼓楼》中老鞋匠对手艺的自信自尊都传递着北京传统商业文化的气息和特

---

❶ 刘恒.黑的雪［M］.北京：工人出版社，1988：45-46.
❷ 刘恒.黑的雪［M］.北京：工人出版社，1988：49.

征。"北京城老字号的招牌及其古旧情调,店铺的悠闲气氛,胡同深处小贩别致的叫卖声,都成为古城风物的组成部分,而且是其中韵味悠长的一部分。"❶ 不过,这些描述都属于传统的北京城市文化的剪影,留在了昔日的文学描述中。从这一点来看,《黑的雪》中的商业文化全然不同于前述那些商业文化了。李慧泉也吆喝,但是不同于传统商业文化中小贩那有板有眼、韵味十足的吆喝,他的吆喝只能算是"吼",他自己都觉得难听极了。对于他的吆喝,人们的表现也极为"现代主义","人们在几秒钟内就适应了他的怪叫。即使狗吠猫鸣,也会在这种适应性面前显得平淡无奇。……他想骂人,除此之外已经没有引人注意的办法"。❷

都市生活对生活于其中的人影响巨大。外界持续的、强烈的刺激,使得人们创造出一种保护机制,来抵御对之构成威胁的、外部互不干涉的波动和断裂所带来的极度混乱。都市人开始变得理性、冷漠。而货币经济的多面性与集中性又使得人们斤斤计较地对待商人、顾客、佣人,这与传统社会文化形成强烈反差。从这一点来看,李慧泉所生活的环境似乎与京味文化里那些生意人截然不同,反而更接近于西美尔笔下那些理性冷漠、斤斤计较的人群。李慧泉对这一点不无感觉,但是他十分反感这种文化气氛。小说不止一次描述了他在这种现代商业中的厌倦、无奈与反感。对那些趋之若鹜的顾客,他不仅不为利益百般讨好,反而表现出一种反感与蔑视的态度。在义与利面前,李慧泉显然更倾向于前者而不是后者。无论是送给马义甫衣服、借钱给他,还是为崔永利处理旧衣服,他都没有丢失掉"义"的本色。

(二)咖啡馆空间

在京味传统文化中,"茶馆"承担着公共空间的功能与作用,形成独特的"茶馆"文化。赵园指出,"茶馆文化不同于西方的沙龙文化和现代的

---

❶ 赵园.北京:城与人[M].北京:北京大学出版社,2014:95.
❷ 刘恒.黑的雪[M].北京:工人出版社,1988:47-48.

俱乐部文化——结构和功能都不同。当然更不同于咖啡厅文化和夜总会文化"。❶ 茶馆文化作为老北京的公共空间，在似曾相识而又并不熟识的熟人文化中，在这个空间中发生奇妙的临时性组合。从茶馆文化向咖啡馆文化的转变，是空间功能的转变，也是文化转型的重要表现。

咖啡馆空间不似熟人社会公共空间代表的茶馆，茶馆中的人物关系亲热而又适度，带着传统商业文化的"和为贵"，表现着北京市民特有的礼仪文化。作为现代城市空间的典型代表，咖啡馆空间的面貌却是神秘冷漠的。"咖啡店的大玻璃窗紧挨着便道。路灯耀眼，窗户里的灯光却十分幽暗。走近了，才发觉里面挂着厚厚的窗帘，什么也看不清"。❷ 它不以商家的热情待客作为吸引顾客的噱头，与哈贝马斯意义上的承担批判功能、与公共权力机关进行谈判的具有公共领域性质的咖啡馆也迥然不同，咖啡馆这类空间在改革开放后的北京城市空间中出现，所承担的是以空间的闭塞为人们提供了一处释放压抑情感的场所的功能。咖啡馆里无论是唱歌的还是听歌的，无论唱功如何，无论唱的什么内容，都不会有人大惊小怪。人们关心的不是音乐，也不是食物。青年男女小声交谈，拥抱接吻，并没有人介意，这在其他场合是不可能实现的。

咖啡馆空间里弃绝了熟人社会的礼仪规则。他们奉行着陌生人社会的行事法则，对别人并不刨根问底，甚至连朋友之间，也不过问太多。李慧泉对马义甫不关心他在狱中的感受与家庭情况感到不习惯，觉得他人情淡漠，但是从马义甫对崔永利也并不十分熟悉的态度中，李慧泉感受到传统文化的渐渐逝去和商业文化的步步紧逼。固守着文化传统的李慧泉日益感到生活的乏味。"他在晚报上读到一条消息，半夜到音乐厅去排队，花二块五听了一场交响乐。他开始时感到只有自己假模假式，继而感到所有听众都假模假式，一边经受折磨一边还要摇头晃脑，这滋味他再也不想忍受。他去过两次

---

❶ 赵园.北京：城与人[M].北京：北京大学出版社，2014：194.
❷ 刘恒.黑的雪[M].北京：工人出版社，1988：62.

美术馆。他在各种画前走过，累了就坐在休息厅的沙发上吸烟。他吸烟的时间比看画的时间长。……他的念头浑沌不清，但核心只有一个：生活有没有意思。"❶ 类似咖啡馆的公共空间越来越多，音乐厅、美术馆越来越多，他却越来越孤独，越来越承受不了文化转型带来的变化。

消费社会中，消费空间带给人们的感受到底如何？人与人的关系到底如何？在这个时候，李慧泉既不适应，也想不明白。他并不知道，"消费空间不只是把消费的机会最大化了，它们给我们提供了空间，让我们在其内部去协商自己与消费社会的象征性关系"。❷ 消费空间遵循的原则是利益至上，李慧泉在咖啡馆中寻找友情、爱情的行为无疑是对消费空间的误解。

"消费空间实际上是情感、梦想和消费社会的创作在其中展开的场地。这个场地最令我们感兴趣的不是它向我们道出了毫无疑问的构成了消费社会基础的权力不平衡的真相。消费空间令人着迷的地方在于这样一个事实，它们展现了一种思路的物质表现形式，在这里，尚未实现的消费欲望已经开始限定了当代消费社会中的结构与能动性关系的性质。消费者是同谋。消费者的同谋性质确实构成了消费空间建立的基础。消费空间是消费的意识形态支配地位被展开的舞台。演员，事实上的消费者，无论如何也不应该被误判为是在以自己的方式伴着消费社会业已选定的旋律快乐地舞蹈。"❸ 消费空间总是存在着某种同谋关系。无论是外表纯真的赵雅秋，还是混迹江湖的崔永利，都奉行着消费主义的原则，其间构成同谋性质的关系。唯有李慧泉倔强地抵抗着、理想主义地幻想着，最终难免被吞噬。

---

❶ 刘恒.黑的雪[M].北京：工人出版社，1988：74.
❷ 斯蒂芬·迈尔斯.消费空间[M].孙民乐，译.南京：江苏教育出版社，2013：197-198.
❸ 斯蒂芬·迈尔斯.消费空间[M].孙民乐，译.南京：江苏教育出版社，2013：197-198.

（三）"孤儿"的精神空间

无论是波德莱尔、西美尔还是本雅明，都敏锐地将城市生活与精神体验联系在一起加以研究。当现代性在城市中出现的时候，理论家们要处理的首先是个人的生命感受与精神体验，此时此地，他们来不及像后来的学者那样系统、结构性地去研究城市及生活于城市中的人。《黑的雪》似乎有意让主人公猝不及防地遭遇到现代城市。他不像其他人一样，在这种环境中耳濡目染，渐渐地习惯于周遭生活的改变。小说安排他在狱中待了三年，三年后，再出来时，他已然成了这个世界的孤儿。在歌厅里听了无数的歌，他没有记住，只记住了它的头两句："我们没有父亲，我们没有母亲。"世界已经变了。从"大杂院"里的雪人的表情，到左邻右舍走马灯式地更换，到父母双亡的冷清居所，李慧泉不得不适应着周围环境的变化。电影《北京，你早》中的女主人公艾红也处于"孤儿"状态，虽然家里那几间破旧的房屋里偶尔传出几声爷爷的咳嗽声和喊她起床的声音，但是观众感受到那间黑黑的屋子里并没有给她带来一丝家庭的温暖。

"孤儿"只是一种隐喻式表达，小说《黑的雪》主要想突出的是主人公李慧泉精神上的"孤独"。当周围所有人都义无反顾地投入一种新的文化中时，只有他还执拗地停留在原地坚守着。有时候，他站在道德高地上，看不起那些信奉金钱法则的人。儿时的玩伴，终于变成了两个世界的人。"李慧泉雨水淋漓地骑过了德胜门。他用嘴演奏雄壮的进行曲，但打着雨伞在街上来往的行人不会注意他。他绝不比那套沙发更能吸引人的目光。他在内心怜悯儿时的女伴，而街上任何一个女性都不会给他一丝一毫的同情。"❶但是，另一方也在以一种异样的眼光打量着他。朋友之间也不像他想象的那样，是个充满义气的江湖。无论是马义甫还是崔永利，奉行的都是金钱法则。在朋友面前，他感受到的同样是孤独和相互提防，原本的信任荡然无存。"不可

---

❶ 刘恒.黑的雪［M］.北京：工人出版社，1988：91.

能再有别的话说。李慧泉的脸上没有笑容。崔永利也板着面孔。事情办得很痛快,但心里别扭。有点儿和不来。谁也看不透谁,谁都提防谁。这样的朋友交着费劲。"❶

如同本雅明所说,游荡者站在大城市的边缘,"他在人群中寻找自己的避难所"❷。李慧泉在城市的大街上游荡;在报纸中寻找与人谈话的感觉:"近来他对晚报的兴趣超过了其它报纸。它上面有不少别人的生活秘密。——他从报纸上找到了一个向外窥视的口子。他读晚报有一种跟人谈话的感觉。"❸在从事商品买卖的活动中体验视金钱为粪土的快感,给商品标价"这种文字游戏很累人,它使物品抽象化,变得叫人不认识了"。❹他轻视金钱,李慧泉对他从事的商品买卖行为带着一种轻蔑与不舒服。商品出乎意料受欢迎也令他极不适应。

消费社会奉行金钱法则,很大程度上改变了人物之间的关系,价值观也正在经受考验、裂变。大街上到处弥漫着对物质的迷恋与崇拜,购物热情激增。"购物是一种深层的文化体验,而且是一种在个体层面感受创造性的经验。在所有的城市角落的周围,都有一个实现了的和尚未实现的幸福的承诺,而且,因为它常常就是我们'外出'时所干的事情,所以,购物就是我们满足社会化需要的手段——把我们作为公共生活的一部分来感觉。"❺当人们涌向他的三轮车上抢购着各种代表时尚的衣物时,李慧泉并没有因为生意的火爆而欣喜,恰恰相反,他对这些购物者感到由衷的厌烦与蔑视,可见他对购物带给人们的自由体验与物质狂欢并不满足,他追求的并不是这些。

当清纯的少女为了经济利益不再单纯,当崔永利为了赚钱不择手段时,

---

❶ 刘恒.黑的雪[M].北京:工人出版社,1988:118.
❷ 本雅明.发达资本主义时代的抒情诗人[M].张旭东,魏文生,译.北京:生活·读书·新知三联书店,2012:204.
❸ 刘恒.黑的雪[M].北京:工人出版社,1988:123.
❹ 刘恒.黑的雪[M].北京:工人出版社,1988:125-126.
❺ 斯蒂芬·迈尔斯[M].消费空间.孙民乐,译.南京:江苏教育出版社,2013:4-5.

当一同长大的发小女孩为了省点运费而利用昔日的友情时,李慧泉却"不在乎那几个臭钱"。❶ 他躺在小松林中的草地上,旁边是蜿蜒的万里长城。"他想的仍旧是那个老问题:生活为什么没有意思?生活到底有没有意思?难道只有他像没头苍蝇一样为此而苦恼吗?"❷ 当周围的环境正在渐渐变得物质化时,李慧泉却仍然思考的是人生的终极目的和意义。他变得越来越与外面的世界隔绝开来,在这个社会上,他越发变得像个孤儿:"他活着,得自己想办法。没有人开导他应当怎样去处置那批旧货。更没有人会向他传授谈情说爱的方法,使他在赵雅秋或别的女人那里得到他应当得到的东西。"❸

三、新兴阶层与新空间

也许是因为刘恒对传统京味文化的感受太过浓重,在面对北京城市空间发生巨大变化时,刘恒对城市空间巨变感到的是一丝惆怅。与之不同的是,这一时期,邱华栋却以一个"闯入者"的他者眼光,从正面描述了现代北京城市空间景观。1992年大学毕业的邱华栋被分配到北京工作,继续从事文学创作。邱华栋是一位书写当代城市生活的重要作家,曾任《青年文学》杂志执行主编、《人民文学》杂志副主编。经历、身份、写作风格,使他笔下的北京与其他作家迥然不同,有着和他的生命共时空的景象。所以,邱华栋为他的四部主题相近的小说起了一个系列名:"北京时间",按照写作时间的顺序,分别是《白昼的喘息》《正午的供词》《花儿与黎明》《教授的黄昏》。

很多人注意到了邱华栋的"闯入者"视角,也有很多人注意到邱华栋对北京城市景观的书写。不过,值得深思的是两者是否存在一定的关系,即"闯入者"首先提供了一种跳出京味文学的视角来审视北京这座带着浓郁地

---

❶ 刘恒.黑的雪[M].北京:工人出版社,1988:163.
❷ 刘恒.黑的雪[M].北京:工人出版社,1988:163-164.
❸ 刘恒.黑的雪[M].北京:工人出版社,1988:124.

域色彩的城市。可以说，邱华栋的北京城市空间书写与现代化进程同步。在《爬着城市玻璃山》中，邱华栋提供了现代都市发展过程中涌现的新兴职业、新人物群像，这里面既有时装模特，也有公关人员、销售人员、自由职业者。这些职业与身份都是随着社会发展和城市现代化出现的，被邱华栋敏锐地捕捉到，并以速写般的笔法将之固定下来，写入小说中。当然，在面对北京的京味日渐被现代化、商业化气息所冲淡的过程中，邱华栋与刘恒等作家对逝去的文化韵味的留恋、不舍的感受不同，邱华栋对北京城市空间景观的书写显然带着几分旁观与渴求投入其中的欲望。

在邱华栋的北京城市文化地图中，他急切地向人们展示现代城市中那些新鲜的、热闹的，被视为北京城市发展的消费空间。国际饭店、国贸中心、发展大厦、京信大厦、超级购物广场、东北三环、三元桥，都一股脑儿地由他的笔端涌出。邱华栋小说善于用移动镜头式书写来形成直观式影像来展示北京现代城市新空间中商品的丰盛和过剩感觉，服饰、食品和炫耀性消费在他笔下具有强烈和密集的视觉冲击力，而叙述主体自己也毫不掩饰其艳羡之情，"有时候我们驱车从长安街向建国门外方向飞驰，那一座座雄伟的大厦，国际饭店、海关大厦、凯莱大酒店、国际大厦、长富宫饭店、贵友商城、赛特购物中心、国际贸易中心、中国大饭店，一一闪过眼帘……从而在一阵惊叹中暂时忘却了自己"。（《城市中的马群》）

在突然间面对现代城市新空间与都市奇观时，"闯入者"们显然难以平复激动的心情与急于投入其中的欲望与渴求。《手上的星光》描述了主人公杨哭和"我"随着市场大潮涌入北京这个大都市中，当他们行走在北京城市空间中时，不禁为城市中雄伟的高楼大厦所折服，国际饭店、国贸中心、发展大厦、京信大厦、超级购物广场，这些建筑激发着他们身上的欲望与梦想，同时，也展示着市场化过程中不同阶层的生存状态。正如鲍德里亚所说："今天，在我们的周围，存在着一种由不断增长的物、服务和物质财富

所构成的惊人的消费和丰盛现象。"❶

邱华栋曾写道："觉得自己是这座森林中的一只鸟，一只奇怪的鸟，也许还瘸了一条腿，像某种鹳类那样在大街边向城市眺望。"（《闯入者》）然而，尽管意识到当代城市的本质如同战车，他们也必须志得意满地投掷自己："在我们面前，毁灭和新生的力量和实践一起在等待着我们，等待着我们以城市为战场与它交锋。"（《手上的星光》）

因而，在面对社会急速转型所出现的城市新空间、新文化时，与刘恒《黑的雪》所表现出来的对消费文化的保守主义的态度相比，可以明确地辨别出，邱华栋的书写带着强烈的对现代化城市的认同感、价值观念、竞争意识和理性能力。"这个时代的骄子们，也正是在这里进行着厮杀拼搏、钩心斗角与明枪暗箭、你来我往与利益均沾。在城市中那复杂的人际关系里，在蜘蛛网一样的利益格局里，各种各样的社会成员都在寻求自己的最大利益。在一个转变的大时代里，谁能够成为一个利益链条中的上游分子，谁就铁定赢了。"（《开盘》）在这个一维向上的通道里，个体素质越卓越的人，就越能够占据更多的物理空间，同时还意味着他在精神空间上也能匹配相应限度的舒展。

虽然"新中产"这一概念并不新鲜，在西方文化的发展脉络中对"中产"的蔑视与中国经济文化环境对跻身"新中产"的渴求也并不完全相同，在邱华栋的笔下，新兴中产阶层却成为他观察与书写的主要对象。《夜晚的诺言》《白昼的喘息》《正午的供词》《教授的黄昏》等作品，分别以流浪艺术家、电影导演、传媒人、大学教授为主人公，他们是新兴的文化中产阶层，正以其趋向于稳定的价值观改变着当下的中国社会。邱华栋以他的妙笔，将国际大都市北京那丰富的社会阶层、都市符号和内心景象，以及对人性的精确体察，将环境变化和人内心的变化结合起来，纷繁的城市生活和城

---

❶ 让·鲍德里亚.消费社会［M］.刘成富，全志钢，译.南京：南京大学出版社，2014：1.

市人内心的复杂裂变,构成这个变革时代的脚注。

《白昼的喘息》讲述了流浪艺术家的京漂故事。这部小说描绘了20世纪90年代初,在北京活跃的一些流浪艺术家的生活和精神状况,是一部艺术家小说。一群有着自己的文学和艺术理想的人,从体制内或者过去狭窄的生活里走出来,来到了北京,在北京那宽阔的空间里展开了他们的逐梦之旅。他们胸怀远大抱负,带着他们激情四溢的梦想和才华,生活在急剧变化的都市中,追寻成功,并经历着时代转型所带来的巨大冲击。艺术家们展现了自己在这个时代所勃发出来的创造性的才能,以及困顿、挫折、思索和有趣的生活经历,是一幅极其生动的都市画卷。

在城市新空间中诞生的新中产的命运遭际成了现代都市中突出的文化现象。新中产的诞生从本质上来说,即是消费文化语境下的产物,因而,物质上的丰盈、经济条件的改善、城市化对进城问题的缓解在一定程度上遮蔽了这个阶层面临的一些问题。正如有学者所言,物质和快节奏叠加的生活仍然露出了情感上千疮百孔的本质,渺小的个体在庞大的城市之中的主体性孱弱乃至消解则是无疑的。那些野心勃勃、才华横溢、愤世嫉俗的"外来者",终于在这个意义上,摆脱了都市中产阶层的凡俗面貌,在邱华栋的笔下获得了自己的精神属性。传统乡土的时间和古老文学中静止的人性在这里不起作用。在以经济为思维主导的逻辑里,空间的定位、占据和扩张才是不二法门。从乡村到城镇,从一般的城镇到特大都市,其中的佼佼者跃升为精英,主导着高阶的生活方式和艺术趣味。这样的巨大变动在20世纪80年代陈奂生上城前可以说是天方夜谭。20世纪90年代和21世纪的全球化潮流搅动了更巨大的迁徙,也用各自的符号和想象堆砌起一座全新的、可供制造身份认同的资源大厦。正如15世纪欧洲兴起的"印刷资本主义"和航海大发现潮流里,精美的地图成为新兴资产阶层趋之若鹜的商品,当他们完成了阶层的层层攀越后,视野和行动的地图就会得到刷新,换成更大更远的地方。

与此同时,一直以书写北京城市空间中边缘人物生活的徐则臣作品中,也在不同程度上书写着靠知识改变命运的一些乡村青年来到北京,读书、就业、出国、海外归来，跻身新中产或精英阶层，构成一个独特的人物群像。这些人物包括《耶路撒冷》中的初平阳，《王城如海》中的余松坡等。即使是写办假证的边缘人物，他们也生活在北京海淀区高校聚集的地方。高校为这些人物的生存提供了相对宽松的容身空间。《跑步穿过中关村》中的敦煌，经常活动的地方是海淀桥、太平洋数码电影城、海淀体育馆、农业大学门口、承泽园、人民大学、双安商场、中关村大街，和他们打交道的也多是学生。这些人物表面上打政策的"擦边球"，但是在内在修养与素质上，却有知识分子的痕迹，《跑步穿过中关村》中的敦煌，在校园中兜售《柏林苍穹下》《小城之春》《罗拉快跑》《偷自行车的人》《杀死比尔》《暴力街区》等中外电影史上的经典影片。《耶路撒冷》中的初平阳，也是北京大学的学生；而《王城如海》中的余松坡，虽然来自乡村，却最终从海外归来，成了著名剧作家。校园构成了徐则臣小说中的重要空间。在这个消费文化充斥的社会中，校园充当着北京城市空间的象牙塔或阶层流动的踏板，成为生产新中产的重要空间。

从文学史的角度而言，城市文学的兴盛与现代城市的发展息息相关。中国城市化进程催生了不少城市文学，城市文学书写城市空间与城市景观，为人们提供城市想象与文化反思。中国还走在城市化的路上，未来会达到百分之七十的城市化程度，我们几乎人人都在城市中，所以以城市为背景的文学写作是自然的事情。王朔、刘恒、邱华栋、徐则臣等当代作家作为北京城市发展的见证者，其小说从各自的立场与角度，为北京城市书写提供了重要的文本与文化立场。

第二章

家居／性别空间书写与文化冲击

当然，有了家屋，我们许许多多的回忆才有了住处，而如果家屋足够精巧，如果它有地窖、阁楼、僻静角落，也有回廊，我们的回忆就有更清楚的藏身之所。……在过去，我们可能觉得，阁楼的小房间似乎太过狭小，也可能觉得它夏热冬冷。然而，现在，通过白日梦在回忆中的重新捕捉，我们很难说明白，空间什么样的融合，让这个阁楼的小房间既宽大又窄小，既温暖又凉爽，总是让人感到安慰。

［法］加斯东·巴什拉

第二章 家居/性别空间书写与文化冲击

在中国传统文化中,"家"具有无比重要且复杂的含义。从"修身齐家治国平天下"中对"家"的重视,到"一屋不扫,何以扫天下"中独特的隐喻式的家国序列,都可以看出"家居"空间对中国人的重要意义。因而,这也意味着,当文化转型渗透到家居空间,必定是深层次的、高覆盖率的。从以对称、平衡、有序为特征的胡同、四合院,到整齐划一、独成一体、带有几分优越感的部队大院,到现代的居民小区、社区注重伦理秩序、依附人情的邻里文化,渐渐过渡到西美尔意义上的生活在大都市里的精神麻木的现代城市居民,文化转型带来的"家居"新空间的出现,带来的是各种文化与价值观念之间的激荡碰撞。京味文学也在随着外部环境的变化而发生改变,书写着日新月异的城市发展,也书写着文化转型带给人们的心灵震颤与精神裂变。女性作家如陈染等则敏锐感受到外部世界的变化,在中西文化之间挣扎取舍,最终转回到"私人空间",以身体空间作为最后的"城堡",抵御着外部空间的侵袭,而王海鸰的《新结婚时代》则将目光投向城市化进程中的"孔雀女"与"凤凰男",书写在婚姻的城堡里承受着城乡文化差异的京城女孩。

一、家居空间与文化抗争

(一)"家屋"空间:从温情到冷漠

从词源学的角度来看,在《说文解字》中,"家"被解释为:"居也。从宀,豭省声。"顾建平在《汉字图解字典》中提出:"家,会意字。从宀、从豕,以屋内养猪表示家。""家"最初指的是屋内、住所,并由住所引申到家庭，由家庭引申到夫妻，据郑玄注《周礼·小司徒》"上地家七人"云："有夫有妇，然后为家。"人类学意义上的"家"，侧重于作为社会单位和组织形式的"家庭"，家庭是以婚姻和血缘为纽带建立起来的一种共同体，它是在社会生产力发展、私有制和阶级产生以后产生的，是人类进入文明社会的一个重要标志。从文化学角度来看，无论是"家国天下"的等级次序的建构，还是父子关系、夫妻关系中等级观念的确立，都依托家庭伦理观念成为家庭成员之间相处的行为准则与规范，构成伦理学的重要组成部分。

加斯东·巴什拉在他的《空间诗学》❶一书中运用现象学理论和精神分析理论探讨了"家屋"意象与白日梦的关系。按照他的分析，"家屋"在最原始的时候是与天地相连的，且庇护着人的白日梦。曾经，家屋作为人类思维、记忆与梦想的伟大整合，作为集体无意识带给人温暖的空间意象，带给人"幸福"的审美体验。因而，"家屋"空间承载着修复心灵、放飞梦想、提供温情的功能。尤其是北京的"大杂院"，在"大杂院"这种建筑里有北京人独有的邻里乡情与相处模式。邻里街坊的相互关照、熟人社会的伦理法则，与特定的"大杂院"空间相适应。

与一般意义上的"家屋"意象相反。小说《黑的雪》突出的是"家屋"空间的冷清、邻里关系的淡漠。小说开篇即写到李慧泉回到"大杂院"时的场景。从院子里所堆的雪人身上，他看到的是"冷冰冰的微笑"，以及"冷冰冰的微笑立即化作冷冰冰的悲哀"。这个做梦都想回来的地方带给他的反而是一种"难受得要命"的感觉。"李慧泉不知道该干点儿什么好。走到里屋看看，又走到院子里看看，哪儿都冷。泡了一包方便面，吃了以后能干的事情只剩下抽烟。扔了一地烟头，屋子里的空气也抽蓝了，心里还是没东西，空得难受。"❷空荡荡的房间带给他的只能是无限的伤感。没有了父母的"家屋"已经不再是"幸福"的空间，而是充满了痛苦的回忆。如同加

---

❶ 加斯东·巴什拉.空间诗学［M］.龚卓军，王静慧，译.北京：世界图书出版公司，2017.

❷ 刘恒.黑的雪［M］.北京：工人出版社，1988：21.

斯东·巴什拉对巴黎这座大城市所做的判断——"巴黎根本没有家屋。大城市的居民是活在一层一层叠床架屋的盒子里。"❶——相类似，市场经济体制下，以"大杂院"为代表的北京居住空间也发生了巨大的变化。而这一点，在《黑的雪》这部小说中李慧泉的"家屋"居住空间得以展示出来。

在加斯东·巴什拉看来，空间与记忆有着密不可分的关系。"回忆，多么奇妙的东西，以柏格森的意义来说，回忆其实并不记录具体的时间绵延。我们无力重新活化已消逝的时间绵延，我们只能沿着抽象的时间序列思考它，而这种抽象的时间已无任何厚度可言。即便最精妙的时间绵延化石样本，具体展现长时间的逆旅居所，唯有通过空间，唯有在空间中才得以发现。潜意识深居其中。回忆无所迁动，它们空间化得越好，就越稳固。"❷ 大杂院里的小"家屋"即成为勾连记忆的重要场所。"家屋"使过去不光彩的经历空间化，时刻让李慧泉回忆起自己过往的经历。

在消费主义语境下，大杂院从原本充满邻里温情的空间变成陌生、疏远、冷漠的空间。除了罗大妈作为老一辈北京市民还保持着助人为乐、爱张罗的品格，邻居之间更像是现代城市中的陌生人社会。如同西美尔所分析的都市生活中的人，他们斤斤计较，以金钱来衡量一切事物。老北京人多年养成的邻里文化正在消费文化的浸染下开始走样。年青一代在消费文化的浸染下，更多地表现出对自我的关注。小说以细腻的笔墨写到同李慧泉一起长大的罗小芬让他搬运沙发的情节。从言语、神态，以及李慧泉对待罗小芬的态度中，都显示李慧泉还停留在昔日时光，而罗小芬早已历练成西美尔笔下的都市人，精于算计、善于权衡，李慧泉从罗小芬对他的态度中，意识到周围的人变了，社会变了，而只有他自己留在原地，坚守着原来的行为法则，坚守着原有的伦理情操，坚守着昔日世界中的美好事物，而他终将摆脱不了被

---

❶ 加斯东·巴什拉.空间诗学［M］.龚卓军，王静慧，译.北京：世界图书出版公司，2017：53.

❷ 加斯东·巴什拉.空间诗学［M］.龚卓军，王静慧，译.北京：世界图书出版公司，2017：34.

高速发展的城市所抛弃的结局。

同大杂院中邻里文化消逝一致的是，承载着这种文化的实体建筑同样面临商品化的过程，即从空间中的生产转变为空间生产的过程。小说描写了大杂院的没落，与之相对应的是高层住宅区的兴建。"沙家店南边是一大片正在施工的高层住宅区。吊车的绿色和桔黄色的铁臂割裂了灰色的天空，已经竣工或将要竣工的楼房像一堆堆陈旧的零散的积木。空气污浊，似乎到处有水泥和石灰的颗粒在飘荡。"❶ 体现北京城市文化的传统建筑让位给这种千篇一律的钢筋水泥。在这种建筑里面，李慧泉失去了方向感，只能靠楼梯扶手是水泥的还是木质的来判断女主人公赵雅秋的住处。"李慧泉离开咖啡馆，骑着自行车进了马路对面的楼群。他迷了路，一直没有找到那座楼房。他记得她住的那座楼前有一块草坪，但所有的楼房前面几乎都有草坪。那座楼的楼梯扶手是水泥的，他找了半天，看到的全是木头扶手。那座楼跟她一块儿躲起来了。"❷ 在此，现代化的过程也是同质化的过程。传统空间布局、空间结构的特色在现代化的过程中不断被现代化进程所打破。"当城市在一个去工业化的衰退世界中努力去进行身份建构的时候，消费（经常是冒充文化）的吸引力，对于政策制定者、商业开发者和设计规划者，已经变得完全不可抗拒了。"❸

如果说《黑的雪》中的李慧泉在大街上、咖啡馆里与现代性、消费文化进行着类似鲁迅所说的"无物之阵"的抗争的话，其"家屋"因孤身一人而并非完全意义上的"家"的含义。而加斯东·巴什拉在《空间诗学》中所寻觅的"幸福空间"意象，就在"家屋"这一类意象之中，无论是人类的"家屋"，还是事物的"家屋"，如抽屉、箱子、衣橱，都是作为"家屋"的意象而存在的。

1997年在《北京文学》上刊发了刘恒的另一部小说《贫嘴张大民的幸

---

❶ 刘恒.黑的雪[M].北京：工人出版社，1988：114.
❷ 刘恒.黑的雪[M].北京：工人出版社，1988：122.
❸ 斯蒂芬·迈尔斯.消费空间[M].孙民乐，译.南京：江苏教育出版社，2013：7.

福生活》。这篇小说在后来被改编成电视剧、电影,成为新时期"京味文化"的代表作。小说的确如题目所示,突出表现了生活在大杂院里的北京市民张大民的贫嘴与为幸福生活所做的努力。与前述《黑的雪》这部小说将主人公放置于一个凄清孤独的生活空间中,如同孤儿般独自一人咀嚼着文化转型带来的思想痛苦与矛盾挣扎不同,《贫嘴张大民的幸福生活》从表面上看热热闹闹,充满烟火气。不过,在一次次为空间而战的过程中,张大民凭借三寸不烂之舌与锲而不舍的精神解决问题的方式也越来越令人担心。代表传统文化的父亲的缺席,代表温情家庭关系的母亲的无力与罹患老年痴呆症,正在经受消费文化摧残的兄弟姐妹还需要张大民的帮助。在新的生活法则面前,张二民的顽强反抗、不屑一顾与张大军的缴械投降,形成鲜明的两极。张大民整日奔波忙碌、左右逢源、宽厚忍让,所有这一切皆可归于争取生存空间。

(二)家庭空间:从场所到资源

历来,空间都被看作故事发生的背景与场所,站在前景的基本都是人物与故事。自 20 世纪 80 年代以来,随着消费时代的来临,空间本身的价值被发现,空间可以作为商品的属性被发现。汪民安曾经指出,"80 年代以来,家庭居住空间,在内部,生产着家庭的伦理关系,在外部,则再生产着社会关系。家庭空间和家庭伦理的结构关系发生了颠倒:空间关系取代了伦理关系,成为家政和生活的第一要务。不是家庭成员之间的伦理关系,而是家庭房屋本身的几何空间关系,在书写着家史,宰制着家庭结构,创造着新的家庭政治。家庭,在其种意义上,是空间生产的效应"❶。刘恒的小说《贫嘴张大民的幸福生活》大部分情节都围绕着家庭空间展开,小说以形象的笔墨描述了张大民所生活的空间。

---

❶ 汪民安. 身体、空间与后现代性[M]. 南京:江苏人民出版社,2006:156.

张大民家的房子结构啰嗦，像一个掉在地上的汉堡包，捡起来还能吃，只是层次和内容有点儿乱了。第一层是院墙、院门和院子。院墙不高，爬满了牵牛花，有虚假的田园风光，可以骗骗花了眼的人。院门松松垮垮，是拼成一体的两扇旧窗户，钉着几块有弧度的五合板，号码都在，告诉来人它不是一般的木头，它是大礼堂的椅子背儿。推开院门，里面是半米深的大坑，足有4平方米。左边支着油毡棚，摆满了蜂窝煤，右边支着一辆自行车，墙上挂着两辆自行车，自行车旁边还挂着几瓣儿紫皮蒜，蒜瓣儿底下搁着一个装满垃圾的油漆桶。张大民家的人管这个填满了的大坑叫——院子。第二层便是厨房了，盖得不规矩，一头宽一头窄，像个酱肘子。这是汉堡包出油的地方。前后窗，左右墙，头顶上，脚底下，全是黑的和黏的，怎么擦也没用。灯泡永远毛绒绒的，吊在电线上，像个长不大也烂不掉的瘪茄子。厨房的门槛不错，有膝盖那么高，水泥很厚，怪怪的像一道水坝。穿过厨房就进了第三层，客厅兼主卧室，10.5平方米，摆着一张双人床和一张单人床，一张三屉桌和一张折叠桌，一个脸盆架和几把折叠凳。后窗不大，朝北，光淡淡的，像照着一间菜窖。最后一层是里屋，6平方米，摆着一张单人床和一张双层床，猛一看像进了卧铺车厢一样。墙上没窗户，房顶上有个窗户，白光直着照下来，更像菜窖了。这个多层的汉堡包掉在地上，掉在城市的灰尘里，又难看又牙碜，让人怎么吃它呢！

小说用了两大段的篇幅介绍张大民的生活空间，并且连续用了几个比喻来描述张大民所生活的空间是如何不堪。先是用"掉在地上的汉堡包"来形容生活空间的内容与层次之乱，其特点主要是狭小、杂乱、拥挤。接下来又接连用了"大坑"来形容院子，用"瘪茄子"来形容灯光。小说对大杂院的空间书写有两点值得关注：

第一，空间的历史感。空间并非客观抽象的存在物，它总是与一定的历史相连，具有时代的鲜明痕迹。福柯从中世纪的空间中看出了层级性，所有的地点和空间都围绕着天国展开。与四合院相比，"大杂院"空间更加呈现出物质的匮乏与人们之间关系的紧张。张大民的生活空间极具计划经济时代的鲜明特色，它突出表现在拥挤狭窄、几代同住、邻里间共用公共空间，几代人合住在狭小的家居空间中是计划经济时代常见的空间图景，大礼堂椅子背成了院门，也在宣示着时代特色，这与后面国营企业用生产的产品如毛巾作为资金发给职工同样宣示着这个空间是处于变革时期的空间。国营企业痕迹处处犹存，但已处于风雨飘摇之中。张大民所面临的矛盾冲突，与其说是空间矛盾，不如说是社会制度问题与生产关系矛盾在空间中的显现。

第二，城市化过程是一个不断对城市空间、城市形态进行重新规划和布局的过程。戴维·哈维曾经分析过奥斯曼对巴黎的重建，如何对城市进行大规划重组从而使巴黎变身为现代化大都市的。对城市空间的商业化改造是城市化进程中重要组成部分。老城改造、棚户区改造、建筑广场、公园更新、环境整治，经过多次改造，空间不断生产与再生产的过程，新的生产关系、空间中的主体与空间的关系，都发生了巨大变化。在这个过程中，家居空间也没有幸免。商品房取代福利分房的过程，是空间商品化的过程，也是生产关系不断发生变化的过程。张大民凭借一己之力试图解决家庭的空间矛盾与空间危机，在家居空间商品化之前努力地维系着家庭空间中的伦理规范。但是他无法阻挡家居空间商业化的过程，如果说在之前他还能以自己的三寸不烂之舌及智慧解决问题的话，在商业化潮流面前，他之前的苦肉计却再也不能奏效了。

> 里屋的单门衣柜不动，外屋的双人床和三屉桌搬到里屋。镜子搁在三屉桌上，代替梳妆台用，李云芳对此没有意见。里屋的双层床搬到外屋东北角，三民睡下铺，五民睡上铺。上铺离窗户近离灯也近，读书方便。五民呀，哥是真心为你好，你要明白。里屋的单

人床架在外屋的单人床上,变成一个新的双层床,摆在靠门口的西南角,进出方便,在屋里洗不成的可以到小厨房洗。四民,你要心疼姐姐你就睡上铺。二民胖,还要赶肉联厂的早班……

"我愿意睡上铺,可是,哥,我觉着床都睡满了。你让咱妈睡哪儿呢?"

"箱子!双人床底下有两个箱子,单人床底下有一个箱子,里屋单人床底下还塞着一个箱子,加起来是四个木头箱子。拼起来刚好是一张床,宽90公分,长200公分,高50公分,放在外屋西北角分毫不差。我早就量好了。我真想睡这几个箱子。要不是结婚,要不是非得跟云芳睡一块儿,我真想睡箱子……二民,别在厨房嘟囔,进来说。"

张大民的空间矛盾解决方案,并不能从根本上解决问题。市场经济大潮袭来之时,大杂院中的普通北京市民终于看到了一丝希望。家居空间商品化的过程,一方面从表面上看解决了计划经济时代残留的空间紧张与空间矛盾,另一方面它也引发了新的问题。空间正在变成工具性的空间,空间被资本控制,又变成新的工具控制着资源的流动,两者形成循环关系,在不断的循环往复中,暂时解决的空间危机中,像张大民这样的普通市民再一次被空间所限定。如果说之前空间矛盾的解决在令人不胜唏嘘之余还能看到张大民在空间之间辗转腾挪的话,在面对资本的时候,观众只能感受到他的无力、无奈与无辜了。

小说以戏谑的笔调,描写了张大民被空间所限而煞费苦心、苦心经营的"家居"空间瞬间被市场经济大潮裹挟着,进入市场经济的轨道中的过程。"拆的白灰大字,像往昔皇朝今人惊心动魄的斩、斩、斩了!"古代的"斩"来自封建王城中的至高皇权,而由"拆"字联想到"斩",其实意味着市场经济虽然强调的是自由法则,但事实上它构成了新的权威,没有人能反抗得了,也没有人能幸免于这种权威的决定。

人文地理学家段义孚指出:"空间是一种生物需要;对于人类而言,空间是一种心理需要,是一种社会特权,甚至是一种精神属性。"❶ 然而,在这部小说中,读者可以发现,人们对空间的需要基本上停留在生物需要的层面,最基本的生物需要都满足不了,更遑论心理需要与精神属性呢?于是,当小说写到在狭小的空间里求生存的五民,一旦考上大学后那歇斯底里的疯狂状态:

> 三民的婚礼很热闹。出了风头儿的不是新郎,不是新娘,是五民。五民苦读三载,考中了西北农大,喝完喜酒便要远走高飞了,众人给新人敬酒,也给五民敬酒,都捎带着问一句,为什么考农大呢?考农大也要考北京的农大,为什么考西北的农大呢?五民含笑不语,咕冬咕冬地往嗓子里灌酒,灌着灌着就出语惊人了。
>
> "我受够了!我再也不回来了。毕了业我上内蒙,上新疆,我种苜蓿种向日葵去!我上西藏种青稞去!我找个宽敞地方住一辈子!我受够了!蚂蚁窝憋死我了。我爬出来了。我再也不回去了。哥,我有奖学金,你们别给我寄钱!我不要你们的钱!你们杀了我我也不回去了。我自由了!……"

小说写到这里,人们应该能理解连最基本的生物需要都不能满足的空间之困带给五民的压抑感之后,他的这种近乎疯狂的行为就可以理解了。

《贫嘴张大民的幸福生活》这部小说的深刻之处并不仅仅在于它写出了张大民以一己之力解决生活中的空间难题,还在于它入木三分地描写了当人们以为空间问题得到结构性解决之后,事实上却将面临更大的难题。小说细致地刻画了拆迁公司在拆迁之前和之后态度的天壤之别。

---

❶ 段义孚.空间与地方:经验的视角[M].王志标,译.北京:中国人民大学出版社,2017:47.

> 拆迁公司到家里来过四回，和蔼可亲，似乎处处都想为住户着想，做出要和住户联合起来，一块儿占国家便宜的样子。量完了面积，核定了户口，给张大民家标定了一个三层的三居室。老人一间，大龄女青年一间，三口之家一间。大家都说结局很好，不可能再好了，张大民却不干。他的标准是一套三居室加一套一居室，或两套两居室。人家说你没有根据。他说我有根据。人家问你有什么根据。他说我的根据是这样的——我儿子是天才，他已经跳了一级，我准备让他再跳两级，他得找个地方踏踏实实地温功课，我儿子需要一个……书房。

当无数难题都被张大民一一破解之后，张大民在面对拆迁公司的时候，却再也没有办法达成自己的目标。

城市化进程永远都伴随着两个过程，一个是旧的空间的打破，另一个是新的空间的建造。20世纪90年代至21世纪初，北京城市空间同样不可避免。城市空间书写中于是多了一个"废墟"意象。废墟，既是破坏，也是建设；既给人希望，也带来失望。《贫嘴张大民的幸福生活》给我们书写了改革开放之初家居空间改造过程前后北京市民日常生活空间的转变过程。在家居空间商业化的过程中，家庭的宏大叙事中多了一个关于空间的主题，空间正义、空间扩张、空间生产成为之后每个家庭的头等大事。

二、市场法则与空间正义

如前所述，《贫嘴张大民的幸福生活》在以京味的幽默与调侃带给人们欣慰的同时，空间狭隘给张大民带来的压迫感也令人心酸。当市场经济、体制转型到来的时候，张大民们最先感受到的，也是空间的转型。在《贫嘴张大民的幸福生活》这部小说中，已经涉及家居空间的市场法则。在与开发商和拆迁公司交涉的过程中，无往而不胜的张大民却败下阵来，以为可以通过拆迁而解决家居空间狭小的问题，但新的问题也接踵而来。在与开发商的讨价还价中，他想用以前屡试不爽的方式来解决问题：

> 强制拆迁那天，张大民抱着石榴树不下来。推土机把小房都推塌了，他还挂在树枝上摇晃，像一只死心眼儿不开窍的土猴子。他像煽动暴乱一样慷慨陈辞，一字一泪——我妹妹把沙发都挑好了；我妹妹把壁挂都挑好了；我妹妹把窗帘布都挑好了；我妹妹……你们不能这样对待我妹妹呀！你们把房子还给我妹妹吧！同志们：我妹妹死不瞑目呀！

其实在这次爬上树之前，张大民有过一次类似的行为。当他的妻子李云芳快要生产时，为了解决住房问题，他同样是爬上了墙头，小说以轻松诙谐的笔墨详尽地描述了在小院里盖房子之前用苦肉计争取到的狭小空间。因为是蓄意谋之，因而整个过程不急不缓，张大民还颇为得意和享受这种过程。

> 第二天早晨，张大民爬上了墙头，在上边呆立了半个小时。墙外是一棵石榴树，没有石榴，长着密密麻麻的树叶。墙皮上爬满了牵牛花，开着俗气的粉色的花朵，一些花朵开到树上去了。石榴树外面是过道，邻居们走进走出，纷纷昂起下巴，看着墙头上的人，猜不透他要干什么。他老婆有毛病。他也有毛病了吧？张大民抱着胳膊，眯缝着睡眼，不屈不挠地盯着前方偏下的某个地方，一副做梦做不醒要永远做下去的样子。往他胳膊上缝两个翅膀，这小子呼扇几下，说不定就迷迷瞪瞪飞起来了，说不定就像大蚂蚱一样飞到无边的美丽的原野里去了！总之，他要不想往外飞，戳在墙头上摆那个臭架势干什么用呢？

半个钟头之后，张大民爬下了墙头，找了一把铁锹，开始拆他们家的院墙。他把院门整着卸下来，发现墙体很松，拿肩膀头一顶，半堵墙轰隆一声就塌到外面了。一股烟尘笼罩了石榴树，就像有人在天上瞄准儿，很凑巧地往那儿丢了一颗大炸弹。张大民真的飞起来了。他不是蚂蚱。他是一架轰炸机。不知道从哪儿载了那么多仇恨，轰轰隆隆，咚咚锵锵，只几下就把他们家的院墙炸平了。家里人很默契。没有谁阻拦他，也没有谁帮助他，似乎在遵循某种秘密的部署。

但在与开发商的抗争中，却没有成功，还进了派出所。张大民意识到自己在伸张自己的居住"权利"时分明处于劣势。小说的结尾，当张大民的儿子小树问他，生活的意义是什么时，他回答："有人枪毙你，没辙了，你再死，死就死了。没人枪毙你，你就活着，好好活着。"在这句人生哲理里透露着张大民的无奈与妥协。当原本拥挤的住房条件得到缓解之后，"张大民坐下来，老觉得屋子里缺东西。噢，想起来了，石榴树不见了。今非昔比，在一间没有树的屋子里过日子，是一件多么无聊多么无趣的事情啊！张大民想他亲爱的树了"。张大民怀念的也许不止那间带树的屋子，外部世界所有的法则都在改变。

与刘恒类似，石一枫恰好也以这个问题为主题，写作了一部小说《特别能战斗》。在这部小说中，石一枫塑造了一个为空间权利与空间正义而战斗的人物形象——苗秀华。从张大民到苗秀华，这两个似乎没有多少相似点的人物形象，因为空间正义这一关键词被关联到一起。从中可以看出消费主义文化逻辑日渐清晰与强势的发展脉络，也可以看出人们为寻求空间正义与资本逻辑所进行的战斗与努力。家居空间之战并不限于私人空间的面积之战，还在于与家居空间相关的公共空间的"居住环境"之争。从计划经济体制下的带有强烈集体色彩的空间向市场经济的消费空间转型，此过程虽然是大势所趋，但也不会一蹴而就，在波澜不惊的表象之下必然暗流涌动。空间书写精准地记录下空间转型带来的身份认同焦虑、文化认同危机、空间扩张对人生存空间的挤压。

《特别能战斗》讲的是一北京大妈跟开发商以及物业公司作斗争的故事。小说基本上采用了喜剧的调子，看似表现生活中常见的执拗人格，实则展现了市场经济时代家居空间中的市场法则与空间正义问题如何得以伸张的故事。小说中的苗秀华是一位让人又爱又恨的北京大妈，她一生都在战斗，在工厂工作期间她无畏强权，与单位的同事、领导战斗。苗秀华的战斗有着极强的原则性。"第一，尊重事实，尊重真理，只有在认定自己的确占理，对方的确做错了的时候，她才会奋起战斗；第二，有公心，她不止为了个人而战斗，当别人尤其是很多人都遭受了不公正待遇的时候，她绝不会袖手旁观。"苗秀华的战斗不分事情大小，只要有不公平就有战斗。一次苗秀华因不满单位发给自己的带鱼比别人的带鱼短小，在与后勤处沟通无果后便把带鱼挂在了自己的办公桌上方进行抗议，尽管自己也被熏得头晕眼花，但苗秀华依旧战斗到底，直到后勤处答应下次发苹果多给她半箱作为补偿，苗秀华这才罢休。她不光为自己战斗，也为受不公平的待遇的人战斗。有一次厂里出了一批残次品，总经理在大会上宣布要停发制造车间所有工人的绩效工资。这时苗秀华站了出来，当着上千人的面抗议不公平，并大胆指出出现大量残次品的原因不在于工人而是供货渠道，暗示负责采购的副总有猫腻。经过这一闹，车间工人们总算不用背这个黑锅了，绩效工资也照发不误。退休后苗秀华也依旧没有停止战斗，搬入新小区后面对违约侵犯业主权益的物业公司时，苗秀华也是最早一批投入战斗，一直保持最坚决、积极的战斗状态，与物业公司展开了持久斗争。最终在苗秀华的不懈努力下，终于赶走了原来的物业公司，重新招募了新的团队。

苗秀华所有的战斗究其根本原因都源于恶劣的社会环境、战斗对象的不道德：单位领导的财色交易、以权谋私；物业公司的见利忘义、寡廉鲜耻、责任推卸；开发商与物业的裙带关系……不过，我们也可以发现，苗秀华的战斗对象从原来的强权变成经济实体，即从工厂领导变成了公司。苗秀华对社会不道德、不公正的战斗和讨伐，正可以看作为一种对道德的坚守和捍卫。她的战斗，在维护自己权益的同时，也是在维护其他受不公平待遇人的权益。她比大多数人都要勇敢，勇于维护自己的合法权益与尊严。而以小林为代表的大多数业主，则自私怯弱。不论苗秀华个人性格喜爱不喜爱战斗，这时她身上显现出来的战斗性，都具有一定的自我牺牲色彩。体现了一个普通底层市民的高尚品德。

小说的叙述者"我"——一个貌似游刃有余地融入当下社会的文化混子，无奈地接受了流行的市场法则与消费文化，"外来人"的身份使"我"在面对城市中的不法行为时采取的是听之任之或顺从的态度。"我在此后选择的策略，和苗秀华全然相反：她是战斗，我是哀求；她是要强，我是示弱。"石一枫故意设置了一个与苗秀华完全相反的人物形象，以此来凸显苗秀华的"特别能战斗"。"我"在遇到事情的时候，采取的策略是"如果领导不能理解我，那我就给领导跪了；如果领导能够理解我，那我也要给领导跪下了"。在与开发商进行的斗争中，"我"一直以为"大多数的胜利都不是争取来的，而是商量和妥协的结果"，而不是如苗秀华一样勇于战斗、乐于战斗。

城市化进程在改造着城市空间，也改造着城市空间中的人。"我"与苗秀华在对待事物上的不同态度，呈现的是城市化进程中的必然现象。正如叶齐茂所说："回答我们要生活在一个什么样的城市里这样一个问题时，我们就必须回答，我们空间要做什么样的人，我们寻求什么样的社会关系，我们与我们钟爱的自然处于何种关系，我们希望以何种生活方式来生活，我们认为什么样的技术是适当的，我们坚持何种美学价值等等。"❶

"城市权利"是一种集体的权利，而非个人的权利。也正因为是集体权利，个人在争取城市权利时往往会被排斥在集体之外。当"我"终于靠自己

---

❶ 戴维·哈维.叛逆的城市：从城市权利到城市革命[M].叶齐茂，倪晓辉，译.北京：商务印书馆，2014，译者序：4.

的战略在北京这片土地上安居乐业、繁衍子嗣,在北京的五环以外,南接立水桥、北邻天通苑的位置买了房子成了真正的"房奴"之后,本来已经成功的"我"却因公共空间而卷入了另一场和开发商的战斗之中。在这场战斗中,"我"既是参与者,又有部分旁观者的身份,注视着苗秀华因公共空间而与开发商展开的斗智斗勇。业委会、物业公司、开发商等在城市空间中建构起了某种关系,而公共绿地、小区广场、停车场等公共空间成了苗秀华为之战斗、争取城市权利的重要内容。

近几年,石一枫逐渐将社会问题作为自己写作小说的问题意识,在北京城市书写中不断将社会问题的思考纳入小说中。在他看来,不管愿不愿意承认,北京对于长期居住在此的人而言,是有多重意义的。偶然经过一处标志性建筑物,或者哪条街因外事活动被封了路,就会蓦然想起这是首都,是政治中心。面对多义的北京,石一枫更愿意以文学的视角,穿过现代文学名家的创作场景,沿着他们生活的踪迹,走回文学"现场"。

三、性别空间与文化偏见

空间对于女性的意义,自从弗吉尼亚·伍尔夫之后,已经变得不言而喻了。"一个女人如果要想写小说一定要有钱,还要有一间自己的屋子。"❶ 这是弗吉尼亚·伍尔夫以自己的经历在向女同胞们告诫,除了金钱,对女人来说,还要有一个属于自己的空间。迈克·克朗在《文化地理学》中论及"文学空间"时,指出"流浪汉"的性别问题,即流浪汉是男性而非女性。❷ 因而,流浪汉沉溺于在拱廊街上到处转悠,欣赏都市的喧嚣骚动的时候,女性却热衷于进入百货商场。现代城市的出现不仅是建筑和经济的移位,同样

---

❶ 弗吉尼亚·伍尔夫.一间自己的屋子[M].王还,译.北京:生活·读书·新知三联书店,1989:2.
❷ 迈克·克朗.文化地理学[M].杨淑华,宋慧敏,译.南京:南京大学出版社,2003:68-69.

也是城市经验的移位。20世纪90年代文学史上涌现出一批女作家书写"私人空间","身体写作"现象引起人们的广泛争议。北京女作家陈染位列其中。她以敏锐的感受力与对现实的洞察力书写时代女性的身心状态,营造了一类从公共空间退缩回"私人空间"的女性群像。这个群像颠覆了社会主义城市中女性与男性共同参与公共事务,在公共空间占据一席之地的形象。铁凝则建构了"胡同"的北京记忆和河北"棉花地"两个回忆空间,书写着女性在社会历史变迁中的独特感受。值得注意的是,性别空间中也充斥着城市与乡村两种文化差异、伦理道德观念的磨合与适应,表现在讲述恋爱、婚姻、家庭问题的都市情感剧与都市伦理剧的大量出现。《牵手》《双面胶》《新结婚时代》等大量作品就是在这种背景下被创作出来的。

(一)退守:私人空间/身体空间书写

1991年第4期《钟山》上发表陈染的《与往事干杯》,1994年被改编成同名电影。陈染和林白的作品被定义为"个人化写作",她们倾向于对女性身体的欣赏和热爱,在写出这些女性在"精神的落寞与灵魂的孤独"时由公共空间向私人空间/身体空间退缩的过程。对个人经验无休止地揭露与坦白,建立起一个美丽神秘又无比真实的女性空间。女性空间虽然大多是由女性作家书写,但也有部分男作家在书写到女性时表达出了同样的观点,比如邱华栋《手上的星光》中林薇对自己的定义是"在路上""没有家";《沙盘城市》中,林家琪也表达了"在路上"的状态:"我永远在路上,我是街头流浪人。""不管去哪儿,人海茫茫,我必须去流浪。"如同马克斯·韦伯所揭示的那样,都市是在现代化进程中形成的高度的物质化社会,日渐裸露出其灰暗、冰冷的"物质性存在",构成了对人的主体性力量与地位的一种"挤压"与"吞噬"。

陈染在散文集中描述过想通过建筑物理空间的城堡的方法,来实现自我保护:"你关闭的房门,丝毫起不到作用,它不仅无法让某位来者迟疑、止步,反而,房门的冷寂和沉默,愈加吸引来者迅速地举起好奇的指头,你的房门被一声比一声重的咚咚声敲响,直到你打开房门。某位不请自到的熟人亲友,会理直气壮地径直进入了属于你个人的领地,丝毫没有为自己的不约而往而思怀忐忑。"❶但是有时候无济于事,于是在她的小说《私人生活》中,主人公背对惯常,独向心灵,消解了传统意义上的题材和主题,执拗于揭示人的内心生活。这是一种有别于公众化、群体化、社会化的"私语化"写作方式。因此,《私人生活》堪称"私语化"写作的典范之作。主人公倪拗拗名字本身就带有执拗于揭示人的内心生活的符号。

在陈染的《私人生活》中,作者赋予"浴缸"以独特的含义:

> 雪一样白皙的浴缸上,头尾两边的框子平台处,摆放着那枝翠黄而孤零零的向日葵,它插在敦实的淡紫色的瓷瓶中,一派黄昏夕照的景致。浴缸旁边的地上,是一张褪色的麦黄草席,花纹缜密,森森细细,一股古朴的美。一根长条形的栗黑杠木镶嵌在白瓷砖墙壁上,上边随意地挂着一叠泛着香皂气味的毛巾,一件浓黑的睡衣,是那种伸手不见五指的黑,睡眠的黑色。

从公共空间到个人空间,从个人空间的狭小房间,到更小的浴缸,女主人公在公共空间中不断撤退,浴缸这个空间给女性以安稳的感觉,主人公把浴缸当床,躺在里面才能安宁地睡着。

陈染的小说聚焦于女性人物的成长历程,为成长中的女性建造了远离尘嚣的精神之塔。她的小说塑造了一系列最终在精神上超越了俗世红尘的孤独女性形象。她们顾影自怜,情感敏锐,内心纯真,曾痴迷地寻求爱情,渴望得到社会接纳。与以往女性小说不同的是,当她们在现实生活中寻觅不到幸福时,她们选择了默默地守护自我的世界,在孤独中体验本真,而不是失去自我主体,把拯救与提升自我的可能寄托在想象中的"白马王子"身上,

---

❶ 陈染.与另一个自己相遇[M].南昌:百花洲文艺出版社,2015:45.

或者在虚假的感情与家庭生活中成为附庸。她们行走在自我勘探和自我发现的道路上，找到了自己的精神归属："这个世界上没有哪个城市属于我。我的家乡其实只是一打白纸，我用铅笔在这个'家乡'上沉思行走，只有这，才是唯一能够属于我的归属。"❶

她们同时也选择了远离社会、远离消费社会的物质诱惑与价值评判，既不会成为人的附庸，也没有成为物质的附庸，她们与人群保持着一定的距离，享有精神的自在与自足。沉默、远离尘嚣与洁身自好作为这一类女性追求爱情、自由精神的结局，也作为她们建构主体精神的一种方式，构成了她们从青涩少女到成熟女性的成长历程。

在陈染的成长题材小说中，女性孤独无声的心灵花园可以建筑在真实的社会生活基础之上，主人公尽管外表沉默，却拥有着独立不羁、我行我素的内在声音，即使置身于闹市，也能为自己筑起一个精神的王国，抵制外来的纷扰与压迫，获得心灵的慰藉与安宁。

"建筑物不再是一个被动的外壳，它是一个功能性的组织体，其中早期洞穴体现的遮蔽功能和历史遗迹体现的象征功能在最原始的方面已经成为一个更加复杂过程的次要属性了。"❷ 街道、迪厅、酒吧为女性展示了光怪陆离的城市消费场所，女性在消费时代恣意挥洒青春的同时，不得不面对各种生存的压力、忍受人情淡泊的孤独之感。"家"成为女性逃避生存压力，进行灵魂休憩的最佳场所。现代城市公共空间中的女性是消费的主体，也是被消费的群体。与公共空间相对应的卧室成为女性审视自身、拷问灵魂、反思社会的独立空间之一，是可以在其中自我疗伤、自我治愈的场所。

陈染的小说《无处告别》中的主人公黛二小姐也曾想跳出原本环境对自身的束缚，去西方世界寻找自我价值与自我实现的机会。但是这种尝试终以失败告终。小说开头书写了黛二小姐对美国现代文明的向往，但是很快她

---

❶ 陈染.与往事干杯[M].南昌：百花洲文艺出版社，2015：260.

❷ 刘易斯·芒福德.城市文化[M].宋俊岭，李翔宁，周鸣浩，译.北京：中国建筑出版社，2009：450.

就发现，西方文化并不像她想象的那样，其在自由、平等、民主背后暗含的孤独、繁华背后的凄凉同样对女性造成压抑。

美国，用它那强大的现代文明冲洗吞没着黛二小姐，同时，又用它无与伦比的病态和畸形发展了黛二小姐心灵深处的某种东西。她原以为美国的现代文明可以解脱她的与生俱来的忧戚与孤独，以为那里的自由、刺激、疯狂会使她的精神平衡起来。于是她把自己当作一只背井离乡、失去家园的风筝，带着一股绝望的快乐和狂热，在纽约的街头、酒吧、超级市场、赌场、小型影院、红灯区里飘摇。可是，不到一个月她就厌倦了，她独自走在纽约繁华凄凉的街头，却梦想起太平洋西岸同一纬度上的那个城市，纽约城衰老的黄昏时分北京是黎明在即了！她想念起北京那人烟浩荡、尘土飞扬的街景。于是，黛二小姐像在中国时一样又开始把自己关在公寓里，窗帘紧闭，与世隔绝，躲在房间里把收音机、电视机调呀调，可中国连点影子都没有，仿佛在这个世界上并不存在中国这么大的一块土地。收音机和电视机里全是哇啦哇啦的洋鬼子的疯狂，或缠缠绵绵如泣如诉的洋鬼子的悲戚忧伤。黛二躲在昏暗的房间里思念着远方，可是那远方分明是她刚刚拼尽力气逃出来的。黛二小姐对自己深深失望，那里不属于她，这里也不属于她，她与世界格格不入，她觉得自己是一个失败的人。

终于，黛二小姐"认清了自己的本来面目，自己从来就是个非常不现代的女人"。城市的现代化并不能改变女性在世界上的地位与感受。无论是地理位置上的遥远，还是文化观念上的差异，都使黛二小姐保持着对西方文化的距离感，走出私人空间的行为在此彻底失败了。

黛二也曾试图脱离琼斯的怀抱，独立起来，另辟天下。但想想自己单弱的体力，微薄的财力，蹩脚的英语以及那在美国毫无用武之地的却让她无法丢弃的哲学，再一看美国佬无论男女老幼都一个个孤雁幽魂似的无所归宿，便立刻失去革命勇气。她躲在异乡的黑房子里，不打开灯，运用自己出色的想象力再一次对自己立身美国的未来进行一番展望，最后无非是这样的结局：挣钱（机械地）——疲倦（身心的）——性交（以缓解忧虑为目的的）——孤独（病态的）——自杀（解脱地）。

终于，黛二小姐还是"孤鸟"似地以拥抱的姿势飞回了中国。"黛二小姐的急速往返，令她的熟人们目瞪口呆。现代文明留不住她，移民留不住她，约翰·琼斯那充满激情的身体留不住她。黛二小姐的一些亲戚就抱怨起黛二母亲：看把黛二娇惯的，一点苦吃不得。他们原想指望黛二打前阵，然后一个个鱼贯而出，不曾想黛二这么没出息，好好的繁华世界不待，非回这破败不堪的北京小胡同过清苦的日子。"❶中国北京的街上人流涌动，摩肩接踵，嘈杂喧闹，黛二小姐望望拥挤在身前身后的人流，觉得自己在中国实际上从来也都是一个人孑然自处。她看到每个面孔都是一个城堡，她被夹在无数城堡之间倦怠不堪，忧伤自怜，像个真正的傻瓜。

与早期爱写离奇古怪的虚构故事不同，后来的陈染更喜欢接近生命本质的真性情的散文。但是无论是虚构还是对生命本真的东西书写，陈染都表现了女性从公共空间不断退缩到个人空间的过程与感受。她们从社会空间退缩到私人空间，领地与空间不断缩小，最终不得不生活在自己的身体中，以身体作为自己最后的空间，与外面的世界对抗着："多年来，我始终在自己的身体里，为保存半条生命还是失去全部生命，进行着无声的选择。这一场看不见的较量从未离开过我。……属于我自己的这一半，尽管她有更多的

---

❶ 陈染. 无处告别［M］. 南昌：百花洲文艺出版社，2015：96.

时间独处一室，显得寂寞，但她忠于了自己，顺从着自己的精神，因而她是充满趣味的，内心充盈的；而被贡献出去的那一半，每日混杂在热热闹闹的现实生活里，接受着别人不断地抛掷给她的许许多多应接不暇的貌似真实的虚伪，她不得不给自己的思想和本意戴上面具，甚至是镣铐，像每天消化食物那样消化掉那些真实的虚伪，所以她依然是孤独的。"❶

于是，在陈染的小说中，"城堡"成了比较重要的意象。他们构筑起身体的城堡，对抗着外界。"在某个单位或者某个社会群落中，一个人倘若不能够经常地迎合别人，别人就会转回头送还给你一堵石头砌成的墙壁。渐渐，这样的人多起来，你身边的墙壁自然而然就会四处而起，八方林立，你就会觉得生活的窗口处处向你关闭，方便与通融之门的把手被握在各种各样的'别人'手中，你寸步难行。你甚至开始怀疑自己。"❷虽然她也曾有过走出城堡的想法，"走出'城堡'这个念头涌来了，涌来了便不可收拾"❸。走出城堡之后，却最终仍免不了要营造出"城堡"的氛围才能安心，最终重返以往的轨道。

（二）追求：空间转型与自我转化

在商品化大潮的剧烈涌动之下，城市发展一日千里。"对妇女，犹如对男人一样，要发现自己，要了解自己也是一个人的唯一方式，就是要从事自己富有创造性的工作。"❹铁凝笔下的陶又佳（《无雨之城》）、尹小跳（《大浴女》）、苏眉（《玫瑰门》）同时扮演着妻子、情人、商人、职业人等多重角色，有着并不输于男性的智慧，以女性独有的韧性与包容度在商海沉浮中取得了巨大成功。

---

❶ 陈染.与另一个自己相遇［M］.南昌：百花洲文艺出版社，2015：16.
❷ 陈染.与另一个自己相遇［M］.南昌：百花洲文艺出版社，2015：15.
❸ 陈染.与另一个自己相遇［M］.南昌：百花洲文艺出版社，2015：32.
❹ 弗里丹.女性的奥秘［M］.程锡麟，朱徽，王晓路，译.广州：广东经济出版社，2005：359.

除了展现两性的生理欲望与精神失衡状态，探索女性在消费文明时代受制于生存环境与政治压力的情爱纠葛也是两性关系中的一大主题。铁凝的城市爱情小说《无雨之城》通过描写陶又佳、葛佩云与普运哲的情感纠葛，展现了女性在男权政治下的弱势地位与两性在社会环境中的不对等地位。杂志社记者陶又佳是一位时尚、新潮、向往爱情的城市白领，在一次采访中认识了当时的常务副市长普运哲，工作中的默契使两人心生好感并迅速坠入爱河，陶又佳大胆的言行与年轻的身体对普运哲有着莫大的吸引。在普运哲同妻子葛佩云摊牌的过程中，适逢政治升迁选举，为了以良好的家庭形象赢得支持，普运哲毫不犹豫地放弃了陶又佳。

陶又佳与葛佩云是两个完全不同的女性：一个开放，一个保守；一个年轻，一个色衰；一个渴望爱情，一个固守家庭。然而，这两个女子却都在两性关系中受到伤害。普运哲一方面贪恋陶又佳年轻的身体与大胆的欲望表露，另一方面又需要妻子的家庭支持。《无雨之城》展现了女性在两性对抗过程中的弱势地位，她们面对男性强权的服从状态造成两性的不对等关系，构筑和谐两性关系仍需不断努力。

铁凝的《永远有多远》赋予胡同为代表的北京记忆以具象化的书写："北京若是一片树叶，胡同便是这树叶上蜿蜒密布的叶脉……那些女孩子就在叶脉里穿行，她们是一座城市的汁液。"主人公白大省隐忍、宽容、付出，与胡同所代表的传统精神气质吻合。不论时代如何变迁，这种传统精神将永远存在于城市、存在于市民的血液中。正如铁凝对传统精神的深情表白："即使北京的胡同都已拆平，我也永远会是北京一名忠实的观众。"❶

胡同和棉花地是铁凝创作的两个重要地理空间。《玫瑰门》中的响勺胡同凝聚了她对于胡同的回忆和想象。胡同的开放性和邻里文化有别于其他居住地，具有一定的公共性特征。来自不同背景的人家聚在同一个胡同，便形成了一个微型社会。"文革"期间，根正苗红的"贫下中农"罗大妈一家搬

---

❶ 铁凝.永远有多远［M］.北京：解放军文艺出版社，2000：192.

来响勺胡同促成了小说叙事的转折,将家庭叙事引向了革命叙事。

铁凝曾在演讲中谈到,每位作家都有一片属于自己的文学土地。对于铁凝自己而言,她的文学土地,"胡同在左,棉花地在右"❶。在北京的胡同里,铁凝出生并度过了自己的童年时代;在盛产棉花的冀中乡村,她带着一片想要成为作家而必须深入了解农村的真挚"私心"度过了高中毕业以后的四年岁月。而后虽定居城市,为了创作铁凝仍不时地游走于乡村之间。两栖于城乡的经历以及在深入生活的基础上敏锐捕捉时代变迁的自觉,使作家能够以相对全局的视野审视城市与乡村。立足于城市的土地,她写出了拷问灵魂的《玫瑰门》《大浴女》,写出了一系列反映城市小人物悲喜生活的《马路动作》《安德烈的晚上》等;立足于乡村的土地,她写出了从容蕴蓄的《笨花》《孕妇和牛》,写出了具有善意的反讽意味的《埋人》《棺材的故事》等。同时,作为一名贯穿整个新时期文学的写作者,铁凝还有相当一部分作品描写了人物在城市与乡村之间的迁徙与勾连,呈现出在市场经济大潮冲击下城乡之间的相互介入与相互碰撞,比较鲜明而集中地进行着作家关于现代性的思考。纵观铁凝四十余年的创作历程,城乡间的互望一直贯穿,铁凝于2014年10月17日在第三届中法文学论坛上的主题演讲中说:"从地理位置看北京,北京是被河北包围。浪漫一点形容,作为政治文化中心的北京,也可以说是被棉花地包围。即使越来越国际化的超大城市,仍然需要与人类肌肤相亲的棉花,我们每个人衣服的某个角落,也还标有'100% Cotton',或者'30% Cotton'。这里有直指人心的温暖。"❷

铁凝认为:"胡同为北京城输送着她们,她们使北京这座精神的城市肌理清明,面庞润泽,充满着温暖而可靠的肉感。"❸

---

❶ 铁凝.以蓄满泪水的双眼为耳[M].北京:生活·读书·新知三联书店,2016:221.
❷ 铁凝.以蓄满泪水的双眼为耳[M].北京:生活·读书·新知三联书店,2016:224.
❸ 铁凝.永远有多远[M].沈阳:辽宁人民出版社,2013:2.

电影《北京，你早》讲述的是北京公共汽车公司某车队几个年轻的司售人员的故事。我国面临改革开放的变革时刻，商品经济的大潮冲击着全社会各阶层的人。电影以公共汽车作喻，将之比喻成一个封闭的空间，表现在这个历史时刻，工作艰苦、报酬低微的普通劳动者的精神面貌和心理状态，表现他们的苦恼、向往和追求，也表现他们情感上的失落和在逆境中默默奋斗的精神。在社会变革大潮中人人都面临着自身固有位置的倾斜，原有的价值观念的破灭，产生了精神上的困惑与苦恼，在一如既往的生活流动中潜伏着不平静的暗流，那是一种内心深处的不安和躁动。

影片以三个男人和一个女人的生活际遇为核心展开。邹永强，受传统道德观念、价值观念的禁锢较深，不太能适应改革开放大潮的冲击，情感上有较深的困惑，但正直、诚实、质朴，在挫折中仍维持着自己的生活信念和做人的本分，默默地生活着、工作着，也奉献着。王朗，热情过度的小伙子，幽默可爱，以调侃的方式表达内心的痛苦，生活并不顺畅，但他用嬉笑的姿态来面对生活中的失落。陈明克，假留学生，不满生活现状却又找不到自己准确的位置，很聪明，向往现代文明却又无法企及，故假冒留学生出入高级酒店、酒吧等场合，遇到艾红，卖弄高雅，虽主观上没有想骗人，但不幸弄假成真，骑虎难下，最后也只有认定命运的安排，过上了倒爷的日子。

这部影片更加触动人心的地方也许在于，当艾红渐渐不满足于在公共汽车上售票的时候，两个原本处于对立的男性迅速联合起来，以一场酒达成了和解，并对艾红的看法达成了共识。艾红，胡同里的漂亮妞，出生和文化比较低，但不甘命运、不满足于现状，在生活面前希望改变自己的处境，但却被陈明克浮华的外表所蒙蔽，从而成为受害者。

在新的时代与社会转型面前，女性往往被书写成禁不住外界诱惑，而成为时代牺牲品的角色。劳伦斯的《虹》、福楼拜的《包法利夫人》、哈代的《德伯家的苔丝》中的女主人公无不如是。但是，抛弃男性书写中对女性的偏见，我们也可以发现，女性往往也是时代转型的推动者、苦难生活的坚守者与新文化的追求者。

(三) 挣扎：城乡文化中的性别空间

21世纪初，文学作为社会生活的反映，对社会转型时期的书写也呈现出与社会同构的发展趋势。描绘城乡空间关系成为新世纪文学的一大流行方向。综观整个文坛，城乡小说不在少数，《平凡的世界》《人生》《凤凰琴》《新结婚时代》等都是耳熟能详的作品。

2006年王海鸰的《新结婚时代》就是对这些社会现状的淋漓尽致的展现，这部作品是他继《牵手》《中国式离婚》后的又一长篇力作，也是"婚姻三部曲"的完结篇，讲述了城市女孩顾小西与从农村走出来的"凤凰男"何建国一波三折的婚姻生活。小说通过对城乡空间中的故事讲述，将城乡空间并置与对照，透过小说中的伦理叙事，将城乡空间中的伦理矛盾进行全面的展示，这是一次性别、家庭、婚姻伦理的对峙与自省，因而这部小说成为分析社会转型期城乡矛盾的重要文本。

所谓"凤凰男"，指的是"经过个人努力，基于先天过人的天赋和后天过人的勤奋而实现阶层跃升，从乡村底层流动到城市社会中上层的农村精英分子"❶。"凤凰男"是中国城市化进程中的一种特有现象。这种现象突出地反映了改革开放以来城乡空间的复杂关系与阶层流动情况。

作为一类人的命名，"凤凰男"自然也有其特定的特征。第一，他们在某种程度上代表着精英阶层。从农村这个相对贫困的空间中奋斗出来，在城市里依靠自身的知识立足，他们代表着一部分知识精英。第二，由于出身农村，他们的身上又不可避免地带着农村人所固有的特征，如思想观念守旧、家庭观念浓重。虽然人离开了相对贫寒的环境，但是思想层面依旧传统、朴素，甚至固化。第三，由于出身于农村而又置身于城市，他们的自我身份认同总是出现危机。这些特征综合在一起，表现在人物的身上，就会出现如下

---

❶ 王文龙.社会学视野下凤凰男的污名化现象研究[J].中国青年研究，2014(11)：73.

特征：有点小钱、小成就，但思想守旧、面子爱好者、对父母的话无论对错一概遵从，父母和妻子产生矛盾时总会站在父母一边，经常有亲戚朋友来投靠并且不顾自己实际情况地去予以帮助……他们既让人敬又让人恨，敬的是那无畏一切努力拼搏的精神感天动地，恨的是那守旧落后的思想根深蒂固。

"凤凰男"的出现从根本上反映着当代中国城乡关系。在中国城乡二元对立空间中，"凤凰男"正是中国城乡关系的形象化表达。《新结婚时代》中的何建国来自落后的何家村，他与城市女孩顾小西的结合以及婚后出现的各种伦理矛盾，表现出了中国城市与乡村在一定程度上的融合以及这背后的紧张关系。1958年后，我国逐渐成型的城乡二元户籍制度筑起了架在城与乡之间的厚重壁垒，使得城乡不仅在政治制度上，还有经济、文化等方面都产生了越来越大的差距。正是因为差距过于明显，越来越多的农村青年拼命跻身于城市，想要改善自己的生活，提高生活质量，当然这无可厚非，每个人都有追求优质生活的权利。

《新结婚时代》的男女主人公分别是来自何家村的何建国以及城市女孩顾小西，辅助角色有建国父亲、小西父母等，主线故事就是在这几个人物背景中开始。性格开朗的顾小西是一位编辑，来自高知家庭，嫁给了从农村考进北京的大学生何建国。矛盾产生于他们结婚后，何家不断地有人来吃住在她家、找顾小西在医院的母亲看病……这些人显然没有考虑到自己的行为给二人带来嫌隙。于是，矛盾在顾小西第二次怀孕并习惯性流产后爆发……此后，原本相亲相爱的小两口，常常为了各自家庭所不同的生活、价值、处世等观念发生争执。王海鸰首次触及两个条件迥异的个体在婚姻中面对的重重矛盾和困扰，她想要借此作品表达"婚姻就是且仅是两个人的事"，"我想用这种极端的例子表明，社会越来越宽容，婚姻才能越来越成为个人的事"。她向我们传达的是一种新的爱情婚姻伦理观念。作品的问世广受关注，由小说改编的同名电视剧、话剧也相继呈现在观众面前。

小说中的何建国正是典型的"凤凰男"，他生于山东农村，如愿考上大学并且走进城市，从小所处的生活环境赋予了他比别人更坚韧的吃苦耐劳精神，成为一名白领，在事业上小有作为。小说中的何建国通过考取大学进入城市，换了身份阶层，正是我们现在所说的"教育改变命运"。在现实生活中，通过高考制度换取身份转换的机会确实存在并且依然存在。与过去较之不同的是，现在参加高考进入大学并非特意为了转户口、换身份，更多的是为提升自己，为更高的学历。但是不能否认，"凤凰男"之所以成为"凤凰男"，与这一政策有着必不可少的关系。

顾小西出身环境优越，父母都是知识分子，心地单纯，二人的结合本是快乐、幸福的，但俗话说"一人得道，鸡犬升天"，何建国的成功不仅属于他自己，也属于他的家庭以及整个村子。慢慢地，何建国的家庭对小西以及小西的家庭提出越来越多不合理的要求，而建国出于对父母的孝顺一味地要求小西去顺从，就这样，矛盾逐渐升级……

在众多同类作品中，《新结婚时代》可以说使婚姻伦理剧上升到一个全新的高度，这不仅是作家对自己的提升，同时也为婚姻伦理剧的未来发展开拓出新道路。它把婚姻生活放到城市和农村两个既对立又融合，既平行又交叉的空间中进行了一次深刻、现实的探讨，在叙事模式的选择、叙事方法的创新、叙事线索的设置、叙事时间的确定等方面都独树一帜，相较于同类的其他作品更加新颖。

何建国、顾小西产生矛盾不在于"第三者"等外力原因，全部来自二人完全不同的家庭背景以及思想观念。作为"凤凰男"代表，何建国出身于山东农村，虽然肉体在城市生活，但灵魂依旧属于乡村——传统、守旧，他父亲以及乡亲的不合理要求是二人情感破裂的首要原因；而顾小西本身家庭环境优越，父母又是知识分子，思想观念先进、自由，顾母一语道破二人婚姻关系的实质："你嫁给了他，就等于嫁给了他全部社会关系的总和。你们俩的结合就是两个家庭的结合，他娶了你，就等于娶了你的一切，包括你的社会关系、你的父母……"❶ 拥有"凤凰男"特质的何建国无法正确处理父老乡亲与爱人小西之间的关系,二者相差甚多的文化背景和价值观念使得矛盾不断升级。

《新结婚时代》基于其叙事模式的创新,不同于传统婚姻伦理作品类型化的手法,采用以彼此文化差异导致婚姻背离的叙事方法,在不同于现实生活的戏剧化矛盾中,将当今社会冲突充分体现。当镜头在车水马龙的繁华闹市和困顿窘迫的落后乡村来回切换时,带给人们的不仅是二者反差的震撼,更多的是对城乡关系的反思。不论是代表农村形象的偏执的建国爹,还是代表城市形象的顾小西,他们都在一定程度上偏离了现实生活,作者用极其夸张的手法体现了两个人代表的两类人的差异,同时也是两类人代表的两个社会阶层的差异。《新结婚时代》的时间跨度较小,作品一开始就是当下,不同于《结婚十年》《渴望》等作品,时间跨度设置为十年、二十年,甚至更长。这是因为作者想要反映的是城乡空间的矛盾,并非其他作品中的单纯地表现婚姻生活的分分合合。所以,这部作品并没有过多地描写何建国与顾小西婚前如何相恋、婚后如何相爱,作者的重点都在婚后由于二人文化背景差异带来的矛盾叙述上,作者以这种差异作为切入点,将这差异带来的矛盾作为主体进行论述,创新了不同于以往的叙事方法。

《新结婚时代》总共设置了三条叙事线索,每一条都对应了一个错位婚姻:何建国与顾小西的城乡恋、简佳和顾小航的姐弟恋、小夏和顾教授的忘年恋。在三条线索中,建国、小西作为主线贯穿始终,其余两条线作为副线,与主线形成互补的结构形式。而这城乡恋背后隐藏的三种不同伦理矛盾:婚姻、性别、家庭,是作者主要阐述的对象。作者通过对婚姻伦理冲突的表现,提出了新的爱情婚姻伦理观念——婚姻越来越成为两个人的事;通过对性别伦理冲突的表现,批判何建国老家也就是整个农村地区对待女性的方式和态度;通过对家庭伦理冲突的表现,揭示"子与父"的关系应当是

---

❶ 王海鸰.新结婚时代[M].北京:作家出版社,2006:96.

平等、独立的，有原则才不失原则。

在小说中，男主人公何建国与女主人公顾小西在婚姻方面的思想差异体现的是城乡对待婚姻的不同态度。那么婚姻到底是两个人的事情还是整个家庭的事情呢？两个人有不同的答案。在顾小西眼中，婚姻是两个人的事，只要两人相爱、足够努力，他们就能过上幸福美满的生活。对于两个人背后所承载的家庭，顾小西认为，能帮就帮、量力而行。而在建国爹的思想观念中，结婚不能只顾自己，是整个家族的事情。何建国是何家村里唯一走出乡村、走进城市的厉害人物，这不仅是何建国家的荣耀，更是整个何家村的光荣。所以不仅是建国家自己的事情要建国、小西，甚至是小西的家庭帮忙，就连村子里其他人的事情也要求他们不遗余力地伸出援手。比如，建国爹带着村子里的人去小西妈所在的医院看病，借着亲家的关系无理取闹；村里的货车被扣押，要求小西找人帮忙疏通出来；让小西的弟弟帮建国哥哥找工作，还必须体面、挣钱多……面对这些情况，何建国的表现让人理解却又反感。不管是哪一方的家庭遇到困难，寻求帮助是人之常情，可以理解，但何建国总是不考虑自身能力就答应帮忙，甚至一味地向小西求助，这让人不由地对他产生厌烦。何建国的顺从除了与他对父亲的孝心和对家庭的愧疚有关，还与他依然留在农村的思想密不可分，他怕别人看不起他，保不住面子，想要证明自己的能力……

诚如王海鸰所说："我想用这种极端的例子表明，社会越来越宽容，婚姻才能越来越成为个人的事。"❶ 两个人的结合应当是自由的、独立的。

小说《新结婚时代》中，性别伦理体现得尤为突出。顾小西出生在环境优越的知识分子家庭，父母对待她与弟弟不偏不倚，没有所谓的"重男轻女"现象，小西母亲教导她"妇女能顶半边天"，女人要通过工作体现自己的价值。小说中的小西母亲就是这样，是不折不扣的"工作狂"、劳模典范，

---

❶ 陈丽. 婚姻伦理剧的新范式——不得不说的《新结婚时代》[J]. 电影评介，2007，（11）：43.

在生活中也没有对小西进行过多的干涉，而是尊重孩子们是独立的个体。在这种环境中生长的顾小西自然是高举"男女平等"大旗。但是对于何建国的家庭来说，"男尊女卑""三纲五常"是他们所坚持的思想。在回何家村过年期间，顾小西和她嫂子不仅要承包所有家务，而且不能和男人一起上桌吃饭，要等他们吃完后捡剩饭剩菜吃。在建国爹的世界里，女人就是男人的附属品，妻子要唯夫是从，不对的地方是要"教育"的。比如小说中描写小西因为顶撞建国爹而被建国扇了一巴掌后，建国爹的言论是："好好教育教育她。媳妇不教育不行，由着性子惯不行，惯长了惯出毛病来，她能给你上房揭瓦。"在何家村，妻子不仅要承担照顾丈夫家庭的责任，还不能有自己的思想。对于这一点，建国爹总拿建国的哥哥嫂子进行举例，比如，"……你嫂子什么都听你哥的，连句重点儿的话都不敢和你哥说！你哥说东她不敢朝西，你哥说鸡蛋是方的她就不敢说是圆的！"双方在此方面的不同价值观，也是矛盾升级的助燃剂。

男权社会的种种落后制度导致了男性的核心位置，使得"男尊女卑"成为固化思想。改革开放以来，我国女性地位逐渐提升，"男尊女卑"的思想逐渐退出历史舞台，如今的男女关系更趋向于平等、和谐。但不能否认的是，现代社会这种"男尊女卑"思想依然存在于落后的乡村地带。

在顾小西一方，父母对孩子的抚育培养是他们的责任，不求回报，孩子对父母的报答是他们的义务，并不强制。而在何建国一方，父母辛辛苦苦养大一个孩子，供他长大念书是要收"本钱"的，何建国的成功不属于他自己，而是属于他的家庭以及整个何家村。所以他要无条件地帮助他的父亲以及他的乡亲，不管是自己解决还是去"为难"小西。每当何建国父亲出场时小西总会很忐忑，总有要出事的预感，建国父亲就仿佛是"麻烦""固执"的象征，他一现身，建国、小西必然吵架。他们之间的思想差距太大，无法相互理解，甚至到了相互埋怨的地步。作品中描写小西母亲的去世成为"压死骆驼的最后一根稻草"。小西母亲去世时，小西正在为了建国家所谓的脸面在陌生的队伍中为其嫂子的爹哭丧，这使二人的矛盾升级到无可挽回的地步,小西心灰意冷,终于选择放弃。

何建国的孝道过于盲目,"唯命是从",他没有自己的思想和原则,这也许与他对家人的亏欠有关,但更多的却是那毫无用处的"面子"使然,毕竟建国是全村唯一进入大城的"高端人才"。在现代社会,孝道建立在平等民主的亲子关系之上,每个家庭成员都是独立自主的,父母对子女可以提出要求,但绝不会"无理取闹",不会无视孩子的自身状况;子女对父母心怀感恩,却也有着自己的原则,有意识地去判断,绝不盲目听从。

综观《新结婚时代》这部作品,以文化背景作为作者的一个切入点贯穿作品始终,不论是婚姻伦理、性别伦理,还是家庭伦理,这所有的冲突都是起源于建国、小西不同的文化背景,由此也引发了我们对现实社会的思考。

第三章

节点空间书写与文化凝视

节点是观察者可以进入的战略性焦点，典型的如道路连接点或某些特征的集中点。尽管从概念上节点是城市意象中很小的点，但事实上它可能是很大的广场，或是也可能呈稍微延伸的线条状。从更广阔的层面上观察城市时，它甚至可以是整个市中心区。

——［美］凯文·林奇

第三章 节点空间书写与文化凝视

美国学者凯文·林奇认为，任何城市都存在一个由许多人意象复合而成的公众意象，由于这类意象是由多人印象复合而成，所以可称为"公共意象"。在对城市意象中物质形态研究内容进行归纳之后，他提出了"道路、边界、区域、节点和标志物"这五种元素，因为这五种元素总是不断出现在各种各样的环境意象中。凯文·林奇认为节点是"在城市中观察者能够由此进入的具有战略意义的点，是人们往来行程的集中焦点"❶。节点可以理解为连接点，道路的交叉或汇聚点，从一种结构向另一种结构的转换处，也可能只是简单的聚集点。作为城市建筑规划研究专家，凯文·林奇主要从物质形态方面对节点等概念进行定义。当这些概念进入文学领域之后，有时候会与物质形态重合，以写实主义的方式呈现城市空间景观，也不可避免具有隐喻特征，即"节点空间"。

空间转向之后，文学研究范式也相应发生了根本的转换。如同加斯东·巴什拉运用空间心理学理论把"家屋"看作物质空间与人的记忆、精神和想象相结合的产物一样，文艺作品中的空间意象承载着作家们对城市景观变迁认知、城市文化价值认同、城市主体实践反思的重要功能，其价值开始凸显。正是从波德莱尔的作品中，本雅明发现了拱廊街这一都市新空间，从而从城市文化的层面确证了现代性的到来。巴尔扎克笔下物欲横流的巴黎、哈代笔下清新自然却日渐萎缩的英国西北部农村、狄更斯笔下黑暗泥泞的雾都伦敦，或显或隐地与现实空间形成了某种互文关系，共同建构着城市文化景观。汪民安说："只有那些城市的异质者，那些流动者，那些不被城市的

---

❶ 凯文·林奇.城市意象［M］.方益萍,何晓军,译.北京：华夏出版社,2017：36.

法则同化和吞噬的人，才能接近城市的秘密。"❶

一、京漂小说的空间寓言

提及北京城市空间，"京味文学"作家给人们提供了丰富多彩的空间想象，形成了独具特色的"京味"空间。然而，被视为"新京味文学"代表作家的徐则臣的京漂叙事却为人们提供了不同的北京城市景观，其中最耐人寻味的，莫过于徐则臣对"过街天桥"十几年如一日的书写与关注。所谓"过街天桥"，是指协助道路两侧行人穿过机动车道而设立的公共开放的步行桥。❷ 如果说胡同、四合院、大杂院、皇家园林构成了传统北京城市空间景观，从地缘文化的层面形构着"京味文学"重要特质的话，那么在"新京味文学"中，这些空间景观已然消逝。综观"新京味文学"代表作家徐则臣，以写京漂叙事见长的他从《啊，北京》到《跑步穿过中关村》，再到近几年以思考北京城市文化的短小精悍之作《王城如海》，徐则臣在这些作品中，都无一例外地写到"过街天桥"这一建筑空间，将"过街天桥"从一个纯粹的建筑物上升到空间意象的层次。需要追问的是，徐则臣缘何如此青睐"过街天桥"？作为伴随着中国城市化进程而出现的城市新空间，"过街天桥"承载了哪些空间想象与功能？如果说胡同、四合院是"京味文学"不可或缺的城市景观与故事背景，那么，以书写现代都市为主要题材的"新京味文学"又为我们呈现了哪些空间？

很多时候，人们会把过街天桥与街道混为一谈。但事实上，过街天桥与街道既密切相关，又各有特点。如果按照汪民安在《街道的面孔》中所认为的，街道是城市的血管，连接起各种建筑的话，❸那么，过街天桥是血管

---

❶ 汪民安. 身体、空间与后现代性［M］. 南京：江苏人民出版社，2006：131.
❷ 钱漪远，朱文一. 与建筑相连的北京过街天桥［J］. 城市设计，2008（3）：72.
❸ 汪民安. 街道的面孔［M］//汪民安. 身体、空间与后现代性. 南京：江苏人民出版社，2006：137.

的节点与分叉处,它又像一条河流的支流,把人流导向另外的空间。过街天桥属于街道的一部分,在汹涌如潮的车流中,它拔地而起,连接起路的两侧。但是,过街天桥又把自己从街道中剥离出来,具有了某种超脱感。

在当代城市空间书写中,过街天桥很少进入文本中。除了打工诗人郑小琼曾经以《人行天桥》为题写过一首长诗,很少见到像徐则臣这样在作品中如此念念不忘地描写与刻画过街天桥这一空间意象的。如果说本雅明从拱廊街中看到了城市现代化的萌芽,从建筑空间中确证了现代化的到来的话,徐则臣对过街天桥的关注,则将过街天桥提升到空间意象的层面,即过街天桥已不仅仅是纯粹物质空间,而是记忆、心理与文化想象的产物。它构建了一个独特的"异质空间",在这里,城市与乡村狭路相逢,历史与现实互相映照,自我与他者短兵相接。

(一)过街天桥:城乡与乡村的相遇

综观徐则臣的北京题材小说,大部分作品里面都出现了过街天桥,从《啊,北京》《跑步穿过中关村》到《耶路撒冷》,再到《王城如海》,过街天桥成了徐则臣小说中一个频繁出现的公共空间。过街天桥原本是交通现代化的产物。19世纪末,在北美的城市中第一次出现了过街天桥。自此,它不仅成为现代化交通系统的重要组成元件,而且构成了城市中一道别致的风景,更是成为城市空间想象的物质载体。"城市人行天桥因其重要的位置和跨越式的体量形态,往往成为城市景观中的重要节点。"[1]

北京的过街天桥也是现代化进程的产物,是城市为了缓解交通拥堵而建设的。1981年9月2日《北京日报》第2版上发表文章《尽快解决行人"过街难"的问题》,指出行人过马路难的问题越来越突出,西单北大街、东单北大街和西四、东四、西单、东单、王府井等繁华街道和路口,经常出现

---

[1] 叶裕民,张万春.基于建筑学视角的城市人行天桥设计研究——以武汉市新华路唐家墩人行天桥为例[J].城市建筑,2019(4):147.

"人墙"。对于如何解决行人"过街难"的问题，文章指出，国外有人、车隔离的措施，在主要街道修建过街天桥，我国广州市也修建了过街天桥，大连、武汉等城市还修建了地下人行过街隧道，较好地解决了"过街难"的问题。文章希望北京市城区的一些主要街道也可以修建一些过街天桥或地下隧道来解决"过街难"问题。在强烈的呼吁下，北京的过街天桥开始修建。1982年7月1日，《北京日报》第1版报道了"本市首座人行过街天桥今起通行"的新闻。自此，过街天桥成了北京一道独特的风景线与节点空间。

齐泽克用"视差"（parallax）这一概念来表述因观测位置变化而造成的客体的明显错位，这种变化提供了一种新视线，并将这种客体"本体论"变化作为主体"认识论"变化的客观依据，即"主体观点的'认识论'变化总能在客体自身的'本体论'变化中得到反映"❶。从这个意义上来说，建筑作为实体性存在，承载着来自不同且相互不能共存的视角的印象叠加。作为交通与建筑规划的产物，过街天桥这个建筑实体因承载着不同视角而具有了不同的内涵。

与《空间诗学》的作者加斯东·巴什拉从空间心理学的角度给"家屋"赋予了很多想象的意义，使之成为温暖、安全、港湾的代名词类似，北京的过街天桥在徐则臣的小说中也已经不单单具有建筑学的含义，如同本雅明从拱廊街里发现了现代化一样，徐则臣在过街天桥这个公共空间里看到了不同于西方的城乡空间结构及其关系。从某种意义上，过街天桥更像是城市与乡村结合的节点空间，与霍华德不仅关注城市，而且关注乡村和城市的做法相类似，徐则臣在写北京这座历史悠久的城市时，也没有将其与广大的乡村相割裂，市场经济的繁荣、城市作为资源的汇聚地，"年轻人、冒险家和知识分子被吸引到了大城市之中，这是因为只要在新的文明中存在任何生活方式，那么它就将集中于这些中心地区"❷。城市的闯入者在这里漫步、闲

---

❶ 汪民安，郭晓彦.建筑、空间与哲学[M].南京：江苏人民出版社，2019：73.
❷ 刘易斯·芒福德.城市文化[M].宋俊岭，李翔宁，周鸣浩，译.北京：中国建筑出版社，2009：431.

逛——在这里，城市与乡村历史性地邂逅。

《啊，北京》中的边红旗，《跑步穿过中关村》中的敦煌和保定，《伪证制造者》中的姑父和路玉离，《天上人间》中的周子平和子午，都是办假证的边缘人物。北京这座城市，对于这些乡村青年有无比强烈的吸引力。边红旗"经常站在北京的立交桥上看下面永远也停不下来的马路，好，真好，每次都有作诗的欲望，但总是作不完整，第一句无一例外都是腻歪得让人寒毛倒竖地喊叫：'啊，北京！'是啊，北京。我们也都喜欢，都莫名其妙地希望在这里生根发芽，大小做出点事来"❶。他们满怀希望与对新生活的憧憬，来到这座城市，这座城市能供他们栖身的地方却少得可怜。除了在出租屋里打发闲余时光，大部分时间他们都在大街上或过街天桥上度过。

本雅明说，拱廊街的含混在于空间的含混。各种玻璃橱窗在改变视觉效果的同时，也改变了人们对空间的感受。过街天桥也具有含混性，其含混性在于，各个阶层的人在此汇聚。乞讨者视过街天桥为天然去处，小摊贩将自己的货物分摊在桥面上，货物下面铺着各种材料制成的包袱，便于城管或警察来时卷起就跑，而徐则臣小说中的假证制造者，也将这里作为他们开展业务的场所。当精英们在写字楼、办公楼里上演各种爱恨情仇的肥皂剧时，过街天桥为从乡村来的这些"闯入者"提供了栖身的空间。

过街天桥给这些从乡村来的年轻人带来希望。段义孚指出："建筑空间具有展示和教化的作用。"❷ 中世纪的大教堂使人产生与上帝接近的感觉，以摇曳的烛光、圣徒的雕像、忏悔室等抽象化为符号，大教堂在整体上和细节上成为天堂的一个象征。过街天桥四通八达的造型让人产生"条条大道通罗马"的联想。原本是小学教师的边红旗来到北京，靠做假证过上了比其他人还富裕的生活；假证制造者、贩卖光盘的闯入者们行走在街道上、过街天桥上，《跑步穿过中关村》里的主人公和高校的知识分子们打交道，谈论着高

---

❶ 徐则臣.啊，北京[M].合肥：安徽文艺出版社，2015：12.

❷ 段义孚.空间与地方：经验的视角[M].王志标，译.北京：中国人民大学出版社，2017：94.

雅的电影/艺术片，这给人一种错觉，他们与那些高校里的精英知识分子们似乎并没有认知上的差距，是什么将他们分成两个不同的阶层呢？

过街天桥成了名副其实的北京城市空间的一块"飞地"，或曰福柯意义上的"异托邦"，它在带给边缘人物梦想与希望、机会与财富的同时，也给市民带来了困扰。1999年11月21日《北京日报》上有一篇报道，题目是《怕过天桥》，其中写道："有那么几年，市民挺怕上过街天桥的，不是因为过街天桥质量有问题，而是怕桥上卖假光盘的无照商贩，怕堵在桥头往行人手里塞小广告的人，还怕假装贫困的乞讨者……"曾经还有那么一段时间，过街天桥上贴满了小广告，市民将之称为"牛皮癣"，以彰显其顽固难以清理的程度。据2001年11月27日《北京日报》第7版《一过街桥竟有五百个小广告》一文报道，位于海淀区四通桥东侧、三环路主路上的一座过街天桥的桥墩、扶手、桥侧面等处充斥着大大小小的非法小广告，有的干脆直接用黑色、红色、蓝色或白色笔写在桥的表面，内容很简单，一个电话号码或呼机号码，外加"办证"二字。记者数了数，竟有497个，这"城市牛皮癣"多得令人难以置信。

这些乡村青年并非不依恋故乡，但是他们对北京又有着谜之迷恋。按照段义孚的说法，"对故乡的依恋是人类的一种共同情感"❶，但是他同时又指出，故乡因为机会稀少给人拥挤感，因而，乡村青年的梦想、为梦想而奋斗的精神只有在北京这样的城市空间里才能被认可，于是，"我们在北京的天桥上打着被污染了的喷嚏，然后集体怀念运河上无以数计的负氧离子，怀念空气的清新甘冽如同夏天里冰镇过的王子啤酒，但是怀念完了就完了，我们继续待在星星稀少的北京。而在花街，每个夜晚，你抬头都会看见幽蓝的夜空里镶嵌了无数的水晶。北京不宜人居，但它宽阔、丰富、包容，可以放得下所有的怪念头"。❷

---

❶ 段义孚.空间与地方：经验的视角［M］.王志标，译.北京：中国人民大学出版社，2017：130.

❷ 徐则臣.耶路撒冷［M］.北京：十月文艺出版社，2014：30.

所以，徐则臣的北京题材小说从某种意义上来说是怪异的，连他也对自己被称为"写北京的"作家感到有几分不恰切，但这也正是徐则臣不同于其他作家的地方，即他从来不是把北京从中国特有的城乡结构中抽离出来孤零零地去描写北京。正如他借《王城如海》这部小说的主人公余松坡的口所指出的，北京并不具有自足的城市性："你无法把北京从一个乡土中国的版图中抠出来独立考察，北京是个被更广大的乡村和野地包围着的北京，尽管现在中国的城市化像打了鸡血一路狂奔。城市化远未完成，中国距离一个真正的现代国家也还有相当长一段路要走。一个真实的北京，不管它如何繁华富丽，路有多宽，楼有多高，地铁有多快，交通有多堵，奢侈品名牌店有多密集，有钱人生活有多风光，这些都只是浮华的那一部分，还有一个更深广的、沉默地运行着的部分，那才是这个城市的基座，一个乡土的基座。"❶所以，芒福德非常推崇霍华德提出的"田园城市"的城市发展思路。在芒福德看来，城市和乡村必须结合在一起，在整合之中会生长起一种新的希望、新的生活和新的文明。❷

（二）过街天桥：传统与现代的相遇

如前所述，过街天桥是交通现代化的产物，它也是社会现代化的一个缩影。现代化是一项未竟的事业，实现现代化是很多国家的目标。多琳·马西在《保卫空间》中旗帜鲜明地批判了将"全球化"置换成时间概念的做法，认为将空间时间化的做法没有考虑到空间的多元性特质。❸在多琳·马西看来，在现代性神话中，作为空间的西方成了其他国家争相效仿膜拜的榜样，而作为非西方空间如第三世界国家的空间，被认为是前现代的落后的存在。将空间时间化的处理方式，是人为制造的假象，并不是空间的本真意

---

❶ 徐则臣. 王城如海 [M]. 北京：人民文学出版社，2017：66.
❷ 刘易斯·芒福德. 城市文化 [M]. 宋俊岭，李翔宁，周鸣浩，译. 北京：中国建筑工业出版社，2009：431-432.
❸ 多琳·马西. 保卫空间 [M]. 王爱松，译. 南京：江苏教育出版社，2013：8.

义。但是在将空间时间化的过程中，欧风美雨的不断浸透、"到世界去"的欲望与梦想，不断催生着全球化的空间书写神话。在全球化的背景下，徐则臣显然赋予过街天桥这一空间以更加复杂的城市/国家状态与矛盾纠结的心态。

"到世界去"的欲望书写并不自徐则臣始，西方作为现代化空间的诱惑在很多作品中都有体现。在大量反映国外生活的文学和影视作品中，受众目睹了国人对西方的追随与迷恋。与上海这个现代化进程较早的空间相比，北京城市空间在表现中西文化空间时显现出了更多的纠结与矛盾。在这个背景下，徐则臣从《耶路撒冷》开始，在书写北京时，将这个城市放入更加广阔的历史视野与国际视野中，而过街天桥除了作为城乡空间寓言，也成为全球化进程中传统与现代发生交集的缩影。

故乡—传统、世界—现代，构成矛盾关系式，充斥于徐则臣的作品。《耶路撒冷》与《王城如海》两部作品都表现出了强烈的"到世界去"的欲望与全球化乡愁。《耶路撒冷》中的初平阳，即将到耶路撒冷攻读博士学位，却面临着失去故乡的处境。《王城如海》中，作者安排余松坡从乡村奋斗到大城市，又从大城市奋斗到国际舞台，再折返回祖国这样一条人生轨迹。保姆罗冬雨思念故乡，女主人祁好表示理解，"她和余松坡之于纽约与北京，大约也正是罗冬雨之于北京与她的故乡"❶。余松坡得了一种怪病，治愈这种怪病的，唯有中国传统民乐《二泉映月》。

> 他在认真听，但他不知道他在听，他不知道正是这一曲子，唯有这一曲子才能平复他身心里的焦虑、恐惧和躁动，然后他按照音乐的节奏起伏着右手，转身往卧室里走。当他关上门，又过一分半钟，罗冬雨关掉了留声机。可以了，他返回到先前的睡眠里，仿佛

---

❶ 徐则臣.王城如海［M］.北京：人民文学出版社，2017：81-82.

不曾起来过。❶

所以余松坡带有强烈的象征意义,他象征着那些靠奋斗而成功的带有启蒙性质的知识分子——这些人既有强烈的走出去的奋斗精神,又怀有浓烈的、挥之不去的乡愁;同时象征着大城市／大城市病——既想保有传统特色,又不断向国际化迈进。聚集在余松坡身上的矛盾,如他发病时要用西洋的留声机,甚至在回国时将留声机远隔重洋背回来,听的却是中国传统民乐《二泉映月》;他本身是从农村奋斗出来的,但是对正在北京奋斗的"蚁族"表现出不理解,在他写的剧本中甚至有轻蔑的意思。

颇有意味的是,过街天桥成了余松坡与"历史"相遇的空间,代表历史的,是那个半痴半傻的余佳山。

> 余松坡猜疑地往天桥上看,好像有人对他胸膛砸了一锤子,他的后背猛地撞到了座椅后背上。他在。那个人在。在芝麻糊一样的雾霾里,依然能看见那人头发胡子长到了一起,穿一件藏蓝色棉大衣,脖子上胡乱地缠了一条扎眼的红围巾。❷

> 那人站在天桥上,怀抱一堆鼓鼓囊囊的白色塑料袋。
> 刚上天桥,余松坡就觉得不自在,后背上有东西,反手过去挠几把,还在。让祁好看,什么也没有。过了天桥,到商场门口,那感觉,越发清晰,含混的烧灼感。他背对商场的旋转门站着,让他们先进去,就地点上一根烟。❸

过街天桥的隐喻有些类似于中国早期文学中的"十字街头"的意象,

---

❶ 徐则臣.王城如海[M].北京:人民文学出版社,2017:10.
❷ 徐则臣.王城如海[M].北京:人民文学出版社,2017:19.
❸ 徐则臣.王城如海[M].北京:人民文学出版社,2017:21.

过往和未来，都蕴含在过街天桥的空间中。过往，不堪回首；未来，也不知所往。徐则臣显然没有把故乡—传统、世界—现代处理成二元对立的模式，小说中的书写远比二元对立更复杂。小说中写到余松坡回国时，有这样一段耐人寻味的细节：

> 他不得不感叹，二十年过去，不管他在美国、在世界各地如何关注中国，认识上跟九十年代初他刚出国那会儿还是青黄不接。他想起当初决定回国后，招呼了一帮纽约的朋友吃散伙饭，一个在布鲁克林区待了近三十年的华人老兄提醒他：老海归的断层。意思是，这二三十年中国变化实在太快，天翻地覆、目不暇接都不足以形容，一个老海归必须会面临认识上的断层。你会觉得世界观、人生观、价值观格格不入。❶

对于北京／国家的未来，徐则臣这样表达他对北京这座城市的看法：

> 一座城市的复杂性，除了受到大家都能意会的那个相对抽象的政治、经济、文化的复杂性制约外，更要受这个城市人口构成的复杂性制约。他们的阶级、阶层分布，教育背景，文化差异，他们千差万别的来路与去路。❷

所以，过街天桥这个空间显然也符合了作者想表达的意愿——在这个四通八达的空间里，在这个承载着历史文化记忆与未来发展走向的空间里，我们该走向何方？

---

❶ 徐则臣.王城如海［M］.北京：人民文学出版社，2017：18.
❷ 徐则臣.王城如海［M］.北京：人民文学出版社，2017：66.

（三）过街天桥：自我与他者的相遇

对那些因乡村凋敝而来到城市寻找自我的异乡人来说，到底北京这座城市是"自我"的收容所，还是"他者"的乌托邦？他们是否如巴尔扎克笔下的拉斯蒂涅，最终放下一切"陈腐"的旧观念，投入城市的滚滚红尘中；还是如哈代笔下的苔丝，失去了在农村的最后一点空间与资本，不得不一步步主动走向城市的深渊。这是时代的难题，却需要作者敏锐地描画出社会空间的"认知绘图"。徐则臣不断书写着北京城市空间，不断追索着这些人的来路与归程，不断关心着异乡人在城市的心路历程。因而，过街天桥在徐则臣的小说中，还是"自我"与"他者"狭路相逢的空间。

关于北京的过街天桥，《南华早报》上曾经有一篇文章——《北京过街天桥》，在文章里这样描述："在北京，我最喜欢的一座桥连接着一条被护栏分隔开的繁华大街的两侧。这座桥连接着两个城区，又以桥中心为界将它们划分开来。它既是一个了望哨，又是一个市场，还是一个约会地点。……从桥上往下看，人群就像棋子在棋盘上移动。"❶套用现在比较流行的一句网络用语可以描述异乡人在北京的处境，那就是："理想很丰满，现实很骨感。"过街天桥虽然给这些异乡人提供了谋生的空间，但是，他们的不幸也多与过街天桥有关。初到北京时和老乡走岔了路就在立交桥下抱着柱子睡一夜，和警察在立交桥上狭路相逢，几乎都是在立交桥/过桥天桥上。❷

事实上，对于城市来说，这些外地人既是"自我"，又是"他者"，他们的不幸遭遇，很多时候都发生在过街天桥上。对于过街天桥，徐则臣小说中的异乡人显然与北京市民不尽相同。当人们用嫌弃的口吻谈论起那些小广告是城市的"牛皮癣"的时候，当人们谈及逃离小摊贩与乞讨者的尴尬局面时，就可以明白齐泽克的"建筑视差"所描绘的情形了。社会空间的感知取

---

❶ 北京过街天桥[N].南华早报，2003-03-04.
❷ 徐则臣.跑步穿过中关村[M].北京：北京十月文艺出版社，2015：5.

决于观察者群体的归属。人们对空间感知的差异并不是因为建筑实际的位置客体的差异，而是一种齐泽克称为"创作性内核"的东西。事实上，齐泽克想指出的是，不同的共同体对政治空间有不同看法。与漫游者是西方现代大都市的产物相类似，徐则臣笔下奔跑在街道/过街天桥上的边缘人，或被称为"蚁族"的外地留京的大学生，也是北京这座挣扎在古代与现代之间的产物，如同澳大利亚学者德波拉·史蒂文森（Deborah Stevenson）所言："在19世纪的城市中，现代化的诸多后果体现得最为明显，城市是人口快速增长的地方，也是社会发生变化甚至出现动荡的地方，更是新的文化表达方式得以产生、发展的地方。19世纪在社会、经济、政治和思想创新等领域出现的最具影响力的剧烈变化，都是在巴黎、伦敦、柏林和纽约等世界大城市的街道中上演的。"❶

　　北京城市空间对待这些异乡人始终是不友好的，要么就是被出租房屋的市民们歧视，要么就是在过街天桥上遭遇警察，要么就是在蜗居的出租屋里憧憬着有朝一日梦想能够实现。但是，即便是余松坡这样从乡村走出来的海归，对这些人的态度也并不友好。《王城如海》中余松坡写的《城市启示录》对"蚁族"的态度激起观众的民愤，"这样的生活有什么意义？""你们为什么待在这地方？""你们啊！"这些词汇与字眼不断地强化着"蚁族"的"他者"身份，表现出对"蚁族"的轻蔑与不信任。

　　在很多小说里，这些边缘人游走在节点空间，并不表明他们不想融入北京城市，浮萍一样漂在北京的感觉并不是他们情有所愿。《啊，北京》中的边红旗，即使蹬三轮，即使干着非法的行当，即使"非典"袭来，都没有击退他留在北京的想法。《天上人间》中的子午与其表哥——叙述者"我"安于现状完全不同，子午胆大心细，最主要的，他有理想。子午终于从那个在偌大的北京城中迷失的孩子变成了一个梦想家。

---

❶ 德波拉·史蒂文森.城市与城市文化［M］.李东航，译.北京：北京大学出版社，2015：100-101.

"哥，我想明白了，文哥说得对，大胆大胆再大胆，赚钱赚钱再赚钱。等我赚够了钱，就娶个北京老婆，在北京安家。我干别的营生去，开公司，做老板，开他妈的十家旅馆，第一次来北京的穷人全他妈的免费，想吃吃，想住住，想吃多少吃多少，想住多久住多久。"子午的语气冷静，一点不像头脑发热。到底是年轻人，没有不敢想的。我们的确是两代人。再老一点，像文哥，我敢断定他睡着了都没能力做如此雄伟的梦。于是我说："好。"❶

但是这些乡村冒险家的最终命运，却大多在过街天桥上与警察狭路相逢，被抓进公安局，最重要者如子午，为此付出了年轻的生命。在这个城市里，他们都是为了活成"自我"而来，却到最终都挣脱不了"他者"的身份标牌。

如果说徐则臣的北京题材小说中有哪个空间意象出场次数更多，过街天桥显然比其他空间更胜一筹，其原因也许在于这个特殊的空间可以呈现更多的阶层群像，可以表现更复杂的思想情感。在城乡二元对立的社会结构中，在全球化进程的语境下，在寻求"自我"与成为"他者"的复杂状况下，徐则臣说他自己也只能如小说中的边红旗一样，长叹一声："啊，北京。"对此，徐则臣坦诚："我倒觉得边红旗们并非一味要寻找一个新的身份，而是努力在搞清楚过去的身份，以及在这样一个复杂的城市里如何自处。在陌生却又熟悉的城市，他们身份意识才开始凸显，他们更想知道自己是谁，而不是自己可能是谁。尽管都要求一个好的物质和精神生活，但他们可能更多的心思在'来路'上，而非'去路'。"❷ 对于为何一直坚持写这类"边缘人"，徐则臣给出了自己的解释："在某种意义上可以说，他们是这个社会旁逸斜出的那一部分，歪歪扭扭地一边独自成长。""我写他们，也包

---

❶ 徐则臣.天上人间[M].北京：北京十月文艺出版社，2015：148-149.
❷ 徐则臣，姜广平.每一代人都有自己的精神和叙事资源[J].西湖，2012（12）：97.

括我自己,与简单的是非、善恶判断无关。我感兴趣的是他们身上的那种没有被规训和秩序化的蓬勃的生命力,那种逐渐被忽略乃至遗忘的'野'的东西。"❶ 而这种未被规训和秩序化的蓬勃的生命力,在北京城市空间的底层书写中,徐则臣写出了北京这座城市的魅力,以及对那些怀有梦想的异乡人的吸引力,也写出了这类人物在北京无处安放的青春底色。这样的书写真实反映了北京城市空间的丰富性和层次感。

二、胡同书写与马赛克结构

在北京城市书写中,荆永鸣是一位被忽略或者被低估的作家。他对北京的书写与邱华栋以"异乡人"来见证北京现代城市空间崛起不同,与徐则臣始终书写游走在北京城市空间却无法融入的"边缘人"也非常不同。荆永鸣虽然同样孜孜不倦地创作底层京漂题材小说,塑造了一群"北京候鸟"的人物形象,与刘庆邦、徐则臣一起描绘了京漂底层人群的五味人生;但是,荆永鸣对北京城市空间书写的最大特点在于他深入市井生活,以"外地人"的目光凝视着北京人。都市化进程总是与新空间生产息息相关。高楼大厦拔地而起,商业场所、新型住宅、购物广场、写字楼如雨后春笋般被生产出来,城市不断在广度、高度与深度上拓展。当大多数人将目光聚集于新空间生产或生产出来的新空间的时候,荆永鸣却将目光投向了代表传统的北京城市空间,这部分空间主要是胡同、四合院。当然,在新空间林立的环境下,此类空间明显有些不合时宜,甚至可以说是被高楼大厦遮蔽的空间。于是,荆永鸣的小说所写的胡同,与老舍笔下的胡同已然大不相同,在高度都市化的时代,胡同空间中书写着怎样的文化坚守与人生无奈?这类空间面临着怎样的资本冲击与空间挤压?在这样的背景下,荆永鸣对胡同人生的书写带着文化打捞与文化凝视的味道,他将焦点放在胡同空间里,凝视着代表传统北

---

❶ 徐则臣.跑步穿过中关村[M].重庆:重庆出版社,2008:自序.

京文化的市井人生，关注着这些人物。

（一）马赛克结构中的交叠空间

20世纪90年代以来，随着城市化进程加速，新空间渐次取代传统空间，鳞次栉比的高楼大厦正在成为北京新的地标性建筑。然而，在这些高楼大厦的间隙，仍然可以寻觅到胡同、四合院的痕迹。新旧空间就这样交织、夹杂、共存于现代都市之中，不同的空间代表着不同的生活方式，象征着不同的文化观念。北京独有的"环形"结构虽然在符号学的意义上代表着中心与边缘、富有与贫穷，但在都市化进程中，"环形"结构逐渐被"马赛克"结构所取代。

马赛克空间结构，意味着新旧空间的交错并存。现代都市空间与乡土文化残存的空间并不是截然划分开一个界限，而是杂糅在一起，代表现代都市的高楼大厦旁边也许就是低矮的胡同、四合院、大杂院，出了胡同口，也许就会与直插云端的动辄几百米的高大建筑相遇。难怪荆永鸣在他的小说《北京时间》中这样写道：

> 可以想象，北京的夜晚是那么的迷人。宽阔的大街上车水马龙，森林般的高楼大厦，处处炫耀着霓虹灯的深夜之美。然而，近在咫尺的这一切都属于别人的奢华，是别人的热闹，和我这种背景的人没有任何关系。每天夜里，我躺在四平方米的小屋里，狭窄，寂闷，感觉就像躺在棺材里。一种不太真实的情境中，我神思恍惚，常常不知道自己身在何处。❶

宽阔的街道、森林般的高楼大厦、闪耀着的霓虹灯，处处都是一派现代国际化大都会的现代都市景观，然而，就是毗邻的空间里，带有自传色彩

---

❶ 荆永鸣.北京时间［M］.北京：北京十月文艺出版社，2014：4.

的小说主人公却生活在狭小、闷热、如同棺材般大小的空间中。这段话一方面写出了外地人在北京生存的不易，也从另一个侧面向我们展现了现代繁华都市背面的别样景观。可以想见，当我们将北京等同于中国尊的时候，等同于中央电视塔的时候，等同于天安门广场的时候，等同于鸟巢、水立方的时候，忽略了多少不被目光所及的空间。

（二）马赛克空间中的多元文化

不同空间总是对应着不同的文化类型，因而，马赛克空间结构除了物理意义上的空间并存这层含义，其深层还意味着与不同空间相匹配的多元文化的并存杂糅。被人们津津乐道的京味文化中的中正平和、宽容并蓄，民间市井文化的淳朴大气与消费文化中的理性冷漠、利益至上往往发生碰撞与矛盾，人们困难地坚守，矛盾地抉择。在《北京时间》中，荆永鸣以一个外地人的视角，观察、凝视着丰富、多元的北京文化，尤其是他对胡同空间的书写与思考：

> 北京的胡同闻名于世。一是数量之多——就像这个城市肌体中的毛细血管，不计其数。按老杨头的说法，有名的胡同三千六，无名的胡同赛牛毛，多了去了。二是历史悠久，底蕴深厚，甚至一砖一瓦都经历了几百年的风雨沧桑。三是命名奇特，比如耳朵眼儿胡同，鸦儿胡同，石老娘胡同，闷葫芦罐儿胡同，烟袋斜街……非常有趣儿——其实，还不止有趣，一提到这些胡同的名字，往往会唤起你对于历史岁月的种种遐想。从外观上看，虽说每条胡同都是一样的灰墙灰瓦，但却有着各自不同的趣闻与掌故。它们是北京普通百姓的生活据点，是京城历史发展与深化的重要舞台。几百年来，胡同里的一砖一瓦，一木一石，都沉淀着老北京文化的精髓，叠印

着这座古老城市的流年碎影。❶

小说《北京时间》以一个外来人的视角打量着这些胡同，尤其是在胡同里生活的人们，从他们身上体会到时空变迁、文化转型留下的痕迹。"北京在许多人眼里，确实是高楼林立、车水马龙，处处炫耀着大城市的一种繁华与热闹。但如果真正潜入到北京胡同，会发现这座城市传统文化的根和魂，以及北京市民的市井生活和传统的风土人情，其实都保存在北京的胡同里。"❷ 小说主人公近距离地观察、触摸这座城市的传统文化，体会这里的风土人情，从赵公安、方长贵、冯老太太、养鸭子的宝堂、海师傅等人物身上体察蕴含在他们身上的北京文化。

在《北京时间》里，借助近距离的观察，小说得以对这些人物进行精心刻画。这里既有熟稔老北京历史地理、文化典故的老杨头，也有坚守着传统文化渐渐被时代落在后面的赵公安们，也有在生活重压下负重前行的海师傅们。在甲32号院里，身材瘦弱、说话噎人的赵公安，带着老北京特有的拧巴性格，愤世嫉俗，又带着京城人的优越感。他们不像外地人一样肯吃苦，爱冒险，紧随时代步伐，他们虽然头脑聪明，见多识广，坐拥天时地利，却始终放不下架子，表面上无忧无虑，无所事事，聚在一起侃大山，但又满腹牢骚，认为外地人抢了他们的饭碗，抬高了城里的物价，终于在日日愤世嫉俗的抱怨中，沦落为"都市里的闲人"。

"都市闲人"显然是被社会抛弃的一部分人，他们力求保持生活的精致与悠闲，也有一些人保留着老北京人所遗留下来的"雅好"，他们得意于原来宫里养的玩意儿进入平民百姓的日常生活，提笼养鸟，闲庭信步。不过，这种"雅好"在现代社会有些不伦不类，比如小说中的宝堂，所养之物并非那么珍贵，兔子、鸭子、乌鸡，都在他所养名单之列，遭到邻居的嘲笑，也

---

❶ 荆永鸣.北京时间［M］.北京：北京十月文艺出版社，2014：24.
❷ 荆永鸣聊《北京时间》：借笔下人物展现胡同文化的消失［EB/OL］.［2014-07-24］. http://www.people.com.cn/n/2014/0724/c32306-25338549.html?ivk_sa=1023231z.

并不气恼。说不好是这些"雅好"对象变化，还是社会变化太快，这些行为终于落得不合时代潮流了。当然，他们还保留着一些北京文化的气息，比如，他们说话依然抑扬顿挫、慢条斯理、轻松随意、活泼俏皮，还透出一种古道热肠。

与这些"都市闲人"相比，大部分的北京人还是通过自己的努力奋斗来换取生活质量，比如冯老太太，虽然年纪大了，却以零售店来维持自己甚至子女的生活；因妻子生病而家境贫寒的海师傅，沉默寡言却以自己的手艺支撑着家庭；赵公安的妻子做着公交车售票员的工作。这些人普遍的特点是话不多，在生活的重压之下，他们选择咬牙坚持，沉默应对，他们应该是都市里"沉默的大多数"。

小说中的老杨头是北京传统文化的一个符号，也是小说着墨比较多的人物。他爱唱戏，最后他离开人世的时候，是唱着《四郎探母》去的，代表着胡同里传统北京文化的消失。"北京这几年随着改革开放，社会化进程，随着外来人的增多，多元文化冲击下，它的本土文化实际上确实是在慢慢消失。老杨头离开人世的时候，我大概用了将近一千多字来渲染他弥留之际的一个过程，也是我对这个人，同时也是对北京本土文化消失，倾注的我个人的一种留恋。"❶

荆永鸣指出，除了塑造老杨头这一代表北京传统文化的人物之外，还塑造了"李黎"这一人物。李黎从中央美院毕业以后，因为喜欢北京胡同，她不参加工作，就留下来画北京胡同。事实上李黎所做的工作就是在挽救日渐消逝的北京文化。在城市化进程中，大量的北京胡同不断地被拆迁，胡同空间的消失，代表着它所承载的北京传统文化的消逝，所以李黎事实上是在跟推土机赛跑。但可惜的是这个女孩后来得了病，没有画完北京胡同就死去了。就这个城市而言，这个女孩的死去也给这个城市留下了一种悲伤，也是

---

❶ 荆永鸣聊《北京时间》：借笔下人物展现胡同文化的消失［EB/OL］.［2014-07-25］. http://www.people.com.cn/n/2014/0724/c32306-25338549.html?ivk_sa=1023231z.

预示着北京的传统文化、古老建筑一天比一天少。

（三）马赛克结构中的文化凝视

1997年，年近不惑的荆永鸣想"换一种活法"，来到北京闯荡，在东城区甜水井胡同开了一家餐馆，于是餐馆成了荆永鸣小说书写的空间场域。在这个空间里，主人公大多是厨师、服务员、收废品的、保安等各种来京谋生的社会底层人物。他自己坦言："我在煤矿工作二十多年，对那里的一切熟视无睹。到了北京这样一个陌生环境里，反而助长了我的想象力，只要走进北京胡同，觉得到处都是故事。"❶ 荆永鸣的《北京时间》以外地人的视角看北京、写北京，写出了一个真切的、平民化的北京人和北京的故事，从而具有了与其他写北京的小说非常不同的视角。小说开篇就将北京时间与乡下时间进行对比，从而写出了不同的感受："北京时间比乡下的时间过得快。在遥远的记忆中，乡下的时间总是被老土墙挡着，那是一寸一寸地挪。北京就不一样了，太阳就像挂在陀螺上，一转就是一天，一转就是一个月。"❷ 不过，小说将更多的笔墨放在了胡同这个空间中，去书写胡同空间中的市井北京与普通市民。

在《抽筋》中，荆永鸣将故事背景设置在一条胡同里。"这是一条古老的胡同。胡同两旁是清一色的灰瓦平房。这些平房被同一色的围墙分割开，又组合成一个个院落。院落大小不一，居住的人家也是三五户或七八户不等。从旧基础上，还能看出原有的格局，看出历史变革在这些院落里留下的附加痕迹：大大小小的木板房、砖头房，伴随着光阴的流转，一寸一寸地挤过来。原来还算工整的天井，已经被挤得歪歪仄仄了。走进去，给人的感觉到处是门——厨房、煤棚、仓库，还有的是某户人家夏天用来冲澡的淋浴间等。这么一来，它就成了真正意义上的大杂院了。"❸

---

❶ 荆永鸣.北京时间[M].北京：北京十月文艺出版社，2014：3.
❷ 荆永鸣.北京时间[M].北京：北京十月文艺出版社，2014：3.
❸ 荆永鸣.抽筋[M]//荆永鸣.外地人.北京：文化艺术出版社，2006：208.

由此可见，荆永鸣的小说不仅书写外地人在北京打拼的经历，当他解决了生存问题之后，终于有余力去打量、观察与凝视这个备受瞩目的城市。所以，荆永鸣书写北京的小说获得了一种不同于徐则臣、邱华栋小说的视角。他的笔触深入普通北京市民的日常生活中，书写空间演变与时代变迁背景下他们的生活境况，从情感上来说，作者对北京传统文化既不一味认同，也不急于怀疑否定，而是"文化凝视"，带着反思与审视的目光去书写这座城市在急剧变化的时代里的现状，去书写生活在这座城市里的北京人，从而为读者呈现了一幅不同视角下的北京日常生活图景。

与此同时，"新京味小说"作家们也在"凝视"生活在这座城市和在此打拼的外地人。对北京的空间寓言显示的是写作者对"城与人"关系的探究，"新京味小说"作家们对北京城市空间的书写与上一代京味文学作家相比，已经发生了很大的变化。空间理论固然启发了很多研究者从文化地理学的角度去思考文艺问题，但是也需要将空间理论本土化，只有这样，才能更符合实际。在《北京：城与人》中，赵园曾经指出："京味小说作者不可能如近代欧美知识分子，一味'漫步'并'张望'于城市；他们与那城市亲密得多。他们也不可能只是'穿过城市'的精神流浪者。"❶《北京：城与人》的研究对象主要是邓友梅、刘心武、韩少华、汪曾祺、陈建功等京味小说家，因而，还能如书中所言，"他们居住于城，分享着甚至也陶醉于这城市文化的一份和谐，同时又保有知识者、作家的清明意识，把城以及其他人一并纳入视野。他们是定居者与观察者"。❷

石一枫曾经明确表示："我可以明确地说，相对于个人性的写作，我就是喜欢社会性的写作，我就是不喜欢个人性写作。一个作家的写作视野应该是社会性的，他不能只是关心自己心里的那点小犹豫、小苦恼、小卖弄，他同时得操心点不着边的事。有时候，操心点不沾边的事儿还真就是个挺可贵

---

❶ 赵园.北京：城与人[M].北京：北京大学出版社，2014：12.
❷ 赵园.北京：城与人[M].北京：北京大学出版社，2014：12.

的品质。"❶

北京作为我国的首都，凭借优质的社会公共资源和良好的就业机会吸引了大量的外来人口来京学习、工作、就医等。外来者为了支付更低廉的房租，往往居住在城市的边缘地带，又或是一家人挤在一间狭小的屋子里。这一边缘城市景观频频出现在石一枫小说中。

《我在路上最爱你》中提到上地一带近郊原来是一片农田，后来成了电子科技园，一簇簇住宅楼随之拔地而起。许多外来者选择在这里租房，这里虽然远离市中心，无论交通还是生活方面都多有不便，但这里的租金比城里低很多，所以这一带成了外来者生活聚集的地方。《世间已无陈金芳》中也描述过挂甲屯一带又脏又破的"城中村"。居民们把平房加盖成摇摇欲坠的小楼，按房间甚至床位租给外来者。公共厕所污水横流、恶臭熏天。《恋恋北京》中姚婕租住在前八家一带，这一带是中关村地区的"城中村"，是方圆十几里的破烂回收基地。低廉的房租也使前八家成为附近学生和考研者的居住地。姚婕的住所是一套在自家小院里私搭乱建的建筑，墙板都是由轻飘飘的石板构成，毫无隔音效果。房屋低矮，屋内空间狭小，只够摆放一张床、一个简易塑料衣橱再加上一张课桌。因为租不起带窗户的房间，所以姚婕的整个屋子里飘散着一股霉味。

石一枫在谈到《世间已无陈金芳》创作时说："陈金芳这个人物，也正是从这种生活的视角里跳脱出来的。其中未免有失真的夸大和主观的臆想，体察也往往不够透彻，但对于我而言，她有她独特的意义，甚而这个意义也不是她本人所能了解的。芸芸众生，各有各的活法，并不是每个人物都对时代有着那么强而有效的说明性，也不是每个人的命运都足以击穿笼罩在世道人心之上的迷雾。从这个角度上来说，人的价值平等，但人物的文学价值又不平等。进一步考量一下，陈金芳这种人就像《十月》杂志的责编季亚娅所说的，有点儿'女版盖茨比'的意思，而身边出现这样的人，是因为我们所

---

❶ 石一枫.文学和城市之间［J］.粤港澳大湾区文学评论，2021（5）：116.

处的中国与盖茨比时代的美国多少可作类比。或者还可以往远了想去，这样的人物曾经出现在十八、十九世纪的欧洲，二十世纪初叶的美国，二十世纪六十年代以后的日本，现在又轮到了我们所处的中国。为什么是这些地方？这些地方的这些人又各自是怎样'成为他们自己'的？其中的流变与对照、相同与差异，似乎才是陈金芳这个人物让我们想到的更多的东西。作为一个个体，陈金芳有着她独特的狂妄、卑微与一腔柔情，但她'成为自己'的活力却是时代赋予她的。也许不是所有地方、所有时代的所有人都有着与她一样的欲望与悲哀，或者也有，只不过恰恰是她活在了今天的中国。由此可以做出判断，我们的社会正在上演跌宕起伏的剧情，我们的城市正处在风口浪尖之上，而这才是身为一个作家所不应该忘记的前提。"❶

纵观石一枫近些年的创作，他在《世间已无陈金芳》里谈尊严，在《地球之眼》里谈道德，在《借命而生》里谈正义，到《心灵外史》时，他要谈的则是信仰——都是些关乎根本，因而令人望而生畏的大字眼。

在他的作品中，嘴与心、情与理、表象与意志往往通过不断的相互背离而最终得以相互成就；他惯于用一张不正经的嘴去表达那颗太过正经的心，用滔滔不绝、花样百出、贫嘴贫到几乎断气的机灵句子，去修饰和遮挡那张因过分严肃而有些不好意思的深沉脸。这一点，在《心灵外史》这部作品中体现得颇为典型。

外来者为了节省住宿的钱往往选择一家人挤在一间小房子里。《世间已无陈金芳》中，一间小平房里不仅住着陈金芳和姐姐、姐夫三个人，还不定期地住过陈金芳的母亲、舅舅、叔叔、婶婶、表哥、表嫂等人。

杂乱的"城中村"、简陋的建筑、出租房内艰难的生存环境……外来者的居住环境在石一枫的小说中是北京景观的重要组成部分。外来者艰难的居住环境与北京本地人的居住环境在无形中形成鲜明的对比，体现出外来者在这座城市生存的不易，没有稳定的容身之处。石一枫在书写与北京题材相关

---

❶ 石一枫.创作谈 当人物"成为她自己"[J].小说选刊，2018（4）.

城市景观时，体现出宏大的人文关怀，生动刻画外来者艰难的居住环境，引起社会的广泛关注，有利于引导这一现象向更好的方向发展。

近年来，城市的飞速发展进一步拉大了城市与农村的差距。由于农村经济落后、交通闭塞、基础设施不完备和城市生活的巨大诱惑等多种因素导致农村人口大量涌入城市。他们渴望通过自己的努力奋斗在北京这座城市扎根。与前几代京味作家相比，在石一枫的小说中出现了新的一类人物形象——想要在城市中获得身份认同的外来人。石一枫使京味小说中的人物不再仅限于狭义上的北京人即户口所在地为北京，又或是在这座城市成长起来的人，而是扩展为在北京生活、工作的人，探析他们在北京的生存环境、心理状态以及对北京的印象。与此同时，徐则臣、邱华栋等人也开拓了北京书写的新题材、新人物、新感受。

在石一枫的小说《世间已无陈金芳》中，作者以故事叙述者的身份讲述了陈金芳作为外来农村女性想要在北京扎根的起伏跌宕的奋斗过程。石一枫成功塑造了想要在城市中获得身份认同但最终失败的外来人这一形象。小说中多次介绍陈金芳与音乐的缘分，陈金芳沉迷音乐并且急迫地想借此成为"贵族"，音乐被陈金芳看作进入上流阶层、摆脱土气走进都市社会的出路。陈金芳第一次与音乐接触缘于在窗外听"我"拉小提琴，出身农村的她从来没有见过、听过这种西洋乐器，她对此产生了强大的好奇和迷恋。从此几乎每晚她都会来听"我"拉琴。音乐的启蒙打开了陈金芳认知城市人的窗口，奠定了陈金芳对城市的向往，埋下了陈金芳心中想要在城市扎根的种子，导致陈金芳不惜与家里人闹僵，与顽主为伍，以身体为资本也要留在北京。这也意味着陈金芳对老家农村生活的排斥和逃离。陈金芳搭上豁子后不再颠沛流离，生活逐渐有了起色，"每逢北京有话剧、音乐会之类的演出都会去买票"，更是因为想要买一台钢琴而与豁子彻底决裂。对她而言，钢琴代表着真正进入城市的身份认同。多年后，"我"与陈金芳的相遇也是在小提琴师伊扎克·帕尔曼的音乐会上。此时的陈金芳已改名为陈予倩，力图与过去的她彻底告别。此时的她优雅、得体、熠熠生辉，在艺术品投资的圈子里混得风生水起。曾经无限风光的陈金芳最终却因为诈骗和非法集资而入狱，在这座城市获得的尊严和体面也随之消失殆尽。

　　陈金芳的失败无论从传统还是从现实角度而言都是必然的。陈金芳的失败的一个原因是当前社会结构的凝固化。随着贫富差距加剧、阶级分化严重，一个人的价值更多地由其出身与身份去判断。在这个经济飞速发展的时代，看似随处充满机会与财富，每个人都有机会，给肯于奋斗的人无限可能。但实际上，社会只为底层的人打开了一扇小窗，尽管他们可能会获得短暂的成功与辉煌，但最后依旧会被打回原形。在巨大的社会鸿沟下，渴望在城市扎根的外来人口很难有出头之日。陈金芳失败的另一个原因是社会价值标准的单一化。人们把金钱财富看作成功的唯一标准，忽略了人本身的价值。在《世间已无陈金芳》中可以看到陈金芳过于追求财富至上的成功者标准，被世俗化观念裹挟，急切地想要改变命运，获得身份的认同，从而越陷越深，造成了最后的悲剧。充满差异的城市是一个既自由自在又孤独隔绝的地方，这种相互矛盾的状态深深植根于现代大都市的社会结构与环境之中。那些将人们彼此隔离的因素，正是令自由成为可能的因素。城市居民的冷漠和无动于衷是对现代城市中体验到的各种刺激的大肆冲击作出的自我保护式的反应。如果城市居民像小城镇居民那样，对所有的刺激都作出同样的十分情绪化的反应，其结果则是不稳定、混乱和失控。为了使自己免于陷入潜在的不稳定与混乱状况，居住在大都市里的人们理性地应对生活，应对其他人，变得比乡村居民更为感觉麻木和沉默寡言。现代城市居民是工具主义的（instrumental），感觉麻木，沉默寡言。这三个特征是人们对现代大都市造成的感官混乱作出理智反应的结果。与为琐屑和偏见所束缚的小镇居民不同的是，大都市的市民是"自由的"。人们唯有生活在大都市的拥挤人群中，才最为真切地体会到，大型社会单元中的沉默寡言和相互漠不关心，以及生活的理智层面，对于个体独立具有重要意义。

　　只有旅游者而没有闲逛者的城市，是不属于所有人的城市。我们在这个城市中生活着，但在某种意义上，我们都是它的局外人。徐则臣笔下的

"北京"展现的是20世纪90年代末到21世纪初外地人来北京打拼的生活图景。在徐则臣笔下,"京漂"人物形象大致分为以下三类:知识分子群像、女性漂泊者、底层劳动者。在精神指向上,徐则臣更关注城市化进程中的青年人的漂泊、迷茫与困惑,他不是简单地在日常生活片段中展现人物的困惑,而是将其置于传统与现代裂变下,在理想与现实冲突的背景中来考量人的精神处境。邱华栋以"外乡人"视角书写被物质化的北京形象,同时书写了外来者与北京这座城市的双向拒斥。石一枫透过大院子弟的眼光,来观察和凝视外地人在北京打拼的经历以及北京城市空间的变化,荆永鸣则以外地人的眼光来凝视北京人的日常生活,这些视角交叉叠加在一起,为人们呈现了更加丰富多元的北京城市形象。

三、出租屋中的城乡书写

北京作为我国首都,因其在历史上的特殊性与现代发展的重要性,在很多作家的笔下都有不同的体现,比如老舍笔下的"京味小说"、王朔等人的"京味文学第三代"与邱华栋等人的都市小说。京味小说意在描写北京的样貌、风俗与文化,通过描写北京人民在日常生活、婚俗嫁娶与饮食起居等方面的特点对北京传统文化进行阐释。王朔通过对北京大院里人们的生活状态及精神状态进行描写,以幽默的笔触展现北京在历史转型时期话语权被限制的市井形象。邱华栋等人则将北京与其传统文化习俗割裂开,从而塑造了一个现代大都市与消费的欲望场所,描绘了一个现实意义上现代化与商业化的北京形象。而徐则臣对于北京的描述是区别于老舍的地域性、王朔的开放性与邱华栋的欲望性的,徐则臣笔下的北京是一个流动性的北京,是"京漂人"的归所。

北京作为中国的首都,是与世界交流的联系点,离北京近一点儿,似乎就可以离世界近一点儿,离梦想近一点儿。在小说《啊,北京》中,边红旗来到北京,感觉"世界一下子离我近了","到了北京我真觉得闯进了世界的大生活里头了","感觉看到了自己在世界上占据的那个点,别人可能看不见我的那个点，可是我自己看得见"。边红旗们充满了对北京的向往，可是北京太大了，大到突破了家乡带给他们的封闭感，令他们陷入对未来的美好想象中；北京又太小，小到没有他们的立足之地，他们到了北京，却永远到不了北京的中心枢纽，只能被局限在出租屋、天桥下。

徐则臣笔下的北京既有大城市的繁华与热闹，又存在着很多在北京艰难求生的边缘人物。徐则臣对北京的描写多是以一群异乡人在北京打拼的艰难与辛酸体现的，这是那个时代北京的常态。再加上低矮破旧的出租屋、黄沙漫天的充满雾霾的空气、人来人往的拥挤混乱、街边小吃的世俗气息、满电线杆的小广告、北京无所不在办假证的与睡在地下通道中无家可归的"京漂"，这些一幕幕一件件共同构成了当时北京真实的一面。

在小说《耶路撒冷》中对北京的直接描写并不是很多，读者对北京的了解多从叙述者的只言片语中拼凑，初平阳在北大求学时所住的未名湖旁四合院里临时搭建的小棚、杨杰上北京卖水晶临时在十里河租的小平房、秦福小工作的地方所分配的地下室以及他们在北京聚会时经常去的中关村、五道口、知春里、牡丹园的小饭馆等，这些在北京不起眼的、常常被人们忽略的边缘地带，与来北京求生的边缘人交相辉映，构成"京漂者"在北京的容身之所。这是不同于我们所熟悉的北京，这正是北京的另一面。

成千上万的外来人口如潮水般涌进北京，他们怀揣着自己的梦想与豪云壮志，只身来到北京这个充满机遇与发展的城市，有的仅仅是一股干劲，可是北京同样充满困难与危险，梦想与现实的巨大差距给了所有"京漂者"当头一棒，物质的贫困与精神的压力让他们喘不过气，北京不是他们的北京，北京不是他们的故乡，北京无法实现他们每一个人的小愿望，他们只是流浪在北京。在小说《跑步穿过中关村》中，城市边缘人这一形象被体现得更为淋漓尽致。文章一开头就是主人公敦煌从监狱出来的场景，外面黄沙漫天，就像敦煌的未来一样让人看不清楚。敦煌因为抱负理想来到北京，后来为了生活开始贩卖假证，也因此被抓，出来之后，敦煌重操旧业，开始贩卖盗版光盘。敦煌是一个很聪明的人，他能说会道，也会审时度势，但最终还是落入法网。从敦煌自信满满地来到北京想要大展拳脚，到迫于生活贩卖假证，被抓出狱后又贩卖盗版光碟，最后再次被抓，这一切从不是敦煌想要为之，而是不得不为之，他没有学历没有身份，凭着一股对北京向往的劲头来到北京，他以为北京充满的是机遇，殊不知北京很大，却很难容下他们。

但生活的艰辛依然无法阻挡"京漂者"们对北京的喜爱，哪怕生活再困苦，他们依然毅然决然地踏上了"北上"的步伐，并积极地在北京生活。在小说《啊，北京》中，边红旗是来自苏北小镇的一名语文教师，他在日常生活中喜欢作诗，因为乡村生活的单调乏味无法激起他对生活的热爱和作诗的灵感，所以他毅然来到北京。他对北京充满热爱和敬畏，当他在天安门广场抬头看到毛主席的巨幅画像时会忍不住地热泪盈眶。他对北京的喜爱毫无缘由，却似乎又有千言万语的理由，物质的匮乏、生存环境的恶劣、在而不属于的身份都无法浇灭他对北京的热情，直到最后锒铛入狱，他才不得不踏上了归乡的旅程。在小说《天上人间》中，表弟陈子午作为一名知识分子，长得一表人才，他头脑聪明，但为了融入北京的生活，为了和北京姑娘闻敬的爱情，他开始不满足于做小买卖，利用敲诈勒索贩卖假证，得罪了很多人，最终在他最后一笔订单打算金盆洗手的时候被人杀死。边红旗、陈子午的悲剧不是他们一个人的悲剧，是"京漂者"的悲剧，是敦煌、旷山、夏小容、姑父等所有人的悲剧，他们为了自己的梦想来到北京，为了待在北京，他们不惜如飞蛾扑火般从事违法职业，违背自己的道德。他们想要待在北京，于是，"跑"成了他们在北京真实的生活状态，他们跑着感受生活，感受未来，他们马不停蹄地奔波，不敢懈怠。在小说《跑步穿过中关村》中，敦煌在卖盗版光盘时，因为没有自行车，所以一路都是"跑"的状态。"敦煌发现跑起来速度并不比自行车慢多少。他一路跑得意气风发，闯了三次红灯，两辆车为他紧急刹车，很多人盯着他看。在拥挤繁华的中关村，很难看到狂跑不止的疯子。"❶敦煌在生活穷困潦倒的情况下依然没有一蹶不振，身

---

❶ 徐则臣.跑步穿过中关村［M］.北京：北京十月文艺出版社，2015：64.

上也不见一丝萎靡之气，他充满对生活的热情和明天的向往，在北京中关村的街道上一路横冲直撞，这种高昂的精神状态昭示了敦煌不服输、敢闯的性格特点，也侧面反映出人物对生活的激情和在追求梦想道路上执着的品质。

20世纪30年代德国导演弗里茨·朗在电影《大都会》里创造了一个想象中的现代化城市，其中摩天大楼与地下空间的出现，标示着城市除了有如坐标轴中横轴一样的平面结构之外，还有一个垂直向纵深延伸的纵轴。城市建筑垂直延伸的结构与乡村的开阔、向远方延伸不同，摩天大楼的高度成为城市现代化程度的标志，高耸入云的摩天大楼不再只是电影中的奇观，日益出现在人们的日常生活中。中国民间关于现代化的想象浓缩在"楼上楼下，电灯电话"的表述中，其中充满了对城市生活的想象与憧憬。楼宇成为城市生活不可或缺的建筑符号，不断打破自然主义限制与束缚的摩天大楼开始成为现代城市的重要标志。这类的描写在其他作者那里也不断出现，比如邱华栋在小说《爬着城市玻璃山》中曾经这样描述北京："有时候我觉得北京是一座沙盘城市，它在不停地旋转和扩展，它的正在长高的建筑都是不真实的，我用手指轻轻一弹，那些高楼大厦就会沿着马路像多米诺骨牌一样依次倒下去，包括五十二层高的京广大厦和有三百米高、八十八层的望京大厦。毫无疑问，我的这个想法是个恶狠狠然而也显得无可奈何的想法。每当我行走在楼群的峡谷间和三层立交桥下，听着城市庞大身体微微颤抖和喘息的声音，我都会下意识地伸出中指和拇指，轻轻一弹，接着我就会恶毒而又带几分傻气地笑起来。"这部小说还曾提到一种"时装人"，生活在一幢一百层楼的第四十九层，已经一个月没有下楼了，在房间里窥视着这个城市。高度、纵深感都是对城市空间区隔性的表现。

北京是20世纪70年代前后出生的一代人的精神枢纽，厘清北京，即厘清了这代人的心灵史与精神历程。2011年都市情感励志电影《晚安，北京》将镜头瞄准京漂群体，他们来自全国各地，为了各自的理想选择留在北京奋斗。在北京买房安家，成为一个"真正"的北京人是他们唯一的动力和最终目标。但是，租住最廉价的地下室、出卖自己的爱情，甚至牺牲了所有拥有之后，却发现要追求的所在距离自己依然遥遥无期，他们开始审视反省自己留在北京的意义。影片中的小人物折射着现实中的你我他，融入"80后"电影人的梦想与情怀之作，《晚安，北京》直击都市"80后"寻梦十年路与现状，点燃都市年轻人的生活激情与未来新希望。

澳大利亚学者德波拉·史蒂文森指出："任何一座城市的独特之处，都在于它的空间有着特定的排列组合，形态和功能，而且这些空间与个体和集体的经验构成交集。换言之，正是在时空与文化的特殊巧合中，个体的城市身份才得以形成，城市生活的韵律才得以创制。"❶ 独特的空间排列组合与特定的城市关联在一起，比如纽约的名片上印着高耸入云的摩天大楼与深如峡谷的街衢。如同每个城市都有自己独特的空间结构一样，北京以其环状结构著称，这一点在岳云鹏的《五环之歌》中得到戏谑式表达。"中心"与"边缘"等词语在这里被深刻体验。

2016年，郝景芳的科幻小说《北京折叠》在第七十四届"世界科幻大会"上荣获雨果奖"最佳中短篇小说奖"，郝景芳也成为继刘慈欣之后第二位获得"雨果奖"的亚洲作家，北京城市空间结构的另一维度得以通过科幻的形式展示出来。英国学者迈克·克朗指出，长久以来，城市多是小说故事的发生地。因而，小说包含了对城市更深刻的理解。不过，我们不能仅把它当作描述城市生活的资料而忽略它的启发性，城市不仅是故事发生的场地，对城市地理景观的描述同样表达了对社会和生活的认识。❷ 因而，写实主义地理解小说与城市的关系固然是其中一种方式，但也不能忽略小说会以超现实主义的手法隐喻地表现城市。"北京"在这部小说中为一个极具秩序感、纯净性的空间提供了理想型模型，即这个空间囊括了社会各个阶层的人士。无论是《大都会》关于垂直城市的想象，还是《北京折叠》关于空间魔方的

---

❶ 德波拉·史蒂文森.城市与城市文化［M］.李东航，译.北京：北京大学出版社，2015：92.

❷ 迈克·克朗.文化地理学［M］.杨淑华，宋慧敏，译.南京：南京大学出版社，2003：63.

形象描述，都无可争辩地将这一事实呈现在人们面前：空间正在成为意识形态。戴锦华指出，郝景芳的小说《北京折叠》介入了一个关于城市、关于现代化、关于发展的基本命题。❶

小说《北京折叠》获奖之后引起轰动，对《北京折叠》的研究也非常多，概括起来，无外乎两种角度：一种是从文学译介学、文学接受的角度对作品进行外部研究；另一种则是对文学作品进行内部研究，分析小说的现实与科幻之间的边界，在现实批判与未来想象之间构成能指与所指关系。如曾军认为《北京折叠》提供了一种善治寓言与乌托邦想象，但同时也尖锐地指出郝景芳的立场有些保守而非激进，即她承认社会分层和区隔，但不强调阶级统治与对抗；她强调价值共识和认同，但更鼓励勤奋努力和高雅。❷ 谢欣然则认为《北京折叠》反映了城市化进程中的多重焦虑：科技焦虑、阶层焦虑与价值焦虑。❸ 戴锦华将《北京折叠》所书写的特征称为"空间魔方"。❹ 笔者认为，小说的意义并不在于它对于城市书写的创新，因为早在 20 世纪 30 年代德国导演弗里茨·朗的电影《大都会》中，就将整个社会空间分为以摩天大楼为代表的地上空间与阴暗无光的地下空间。与其他科幻小说相比，《北京折叠》科幻色彩也并不突出。小说的意义或许在于它将"空间"作为小说的主要意象，并将围绕这个关键词而产生的大量社会问题，如空间区隔与阶层流动、空间正义与社会治理、空间布局与城乡关系通过略带科幻色彩的书写表达出来。

当所有的评论都将问题抽象化，试图从形而上的哲学层面进行分析的时候，我们不妨将目光拉回，提出这样的问题：缘何是"北京"折叠？北京在《北京折叠》科幻现实主义的空间书写中承担着怎样的现实功能与文化想

---

❶ 戴锦华. 空间与阶级的魔方［N］. 社会科学报，2016-10-20.
❷ 曾军.《北京折叠》的善治寓言和郝景芳的乌托邦想象［J］. 创作与评论，2016（24）：41-47.
❸ 谢欣然. 从《北京折叠》看当下的城市焦虑［J］. 汉字文化，2019（15）：169-170.
❹ 戴锦华. 空间与阶级的魔方［N］. 社会科学报，2016-10-20.

象？很显然，《北京折叠》这部小说源于郝景芳的亲身经历，在一次访谈中，郝景芳提及曾经有一段时间，她住在北京城乡接合部，有时候跟楼下的人聊天，聊他们生活的压力，聊他们远方的孩子以及对于生病的担忧，那是个充满困顿和担忧的世界；然而几个小时之后，她在学校见到挥斥方遒的同学，或在工作中接触到诸如世界 500 强的 CEO 等，那是一种云端的日子。于是，郝景芳决定把这些写出来，让大家看见自己看不见的生活。但有意思的是，这恰恰表明，唯有在北京这个城市空间中，各个阶层的人可以同居一城，不同身份、不同职业的人怀揣各种梦想汇聚在此地，北京城市空间成为容纳理想与现实、城市与乡村、精英或中产与底层、传统与创新、政治经济与文化的无限丰富复杂充满机会与挑战的空间。

《北京折叠》将北京这座城市的时空作了精准的划分："折叠城市分三层空间。大地的一面是第一空间，五百万人口，生存时间是从清晨六点到第二天清晨六点。空间休眠，大地翻转。翻转后的另一面是第二空间和第三空间。第二空间生活着两千五百万人口，从次日清晨六点到夜晚十点；第三空间生活着五千万人，从夜晚十点到清晨六点，然后回到第一空间。时间经过了精心规划和最优分配，小心翼翼隔离，五百万人享用二十四小时，七千五百万人享用另外二十四小时。"❶ 每个空间之间不得自由往来。故事的主人公老刀就是一个在第三空间做垃圾分类的工人，工作辛苦，收入微薄。为了筹措女儿上幼儿园的钱，冒险前往第二、第一空间送信。通过他送信的过程，作者向读者展现了她脑海中折叠的北京。全书里面没有反派人物，也没有英雄，所有的情节都只是为了向我们展示一个完全阶层固化了的世界。在那个世界中，不同空间之间的居民不可以自由往来，因为那是违法的。

《北京折叠》通过对北京城市空间的立体化描写，隐喻式地表达了社会空间的层级化、区隔化特征。其实，北京城市空间具有立体化特征。人们一直忽视了北京除却平面的环状结构，还有一个向纵深延伸的立体式结构。对

---

❶ 郝景芳.北京折叠［M］.南京：江苏凤凰出版社，2016：1.

北京城市空间纵深结构的书写，既体现着北京向现代化城市迈进的历程，也在一个侧面展示着阶层分化、固化的现实。空间的区隔性在福柯、列斐伏尔等理论家那里就被提出来，并作为空间的重要特征加以论述。以"隔离"为基础的空间策略不断出现，将群体、阶级、个体从"都市"中排除，剥夺其进入都市的权利；将群体、阶级、个体从"中心"中排除，剥夺其进入"中心"的权利。空间的生产性与意识形态性于是非常明显地表现出来。《北京折叠》三层空间的划分显然是对社会整体状况的科幻式书写，空间的区隔性在这里也得以充分地表现。但是如果细读全文，会发现小说处处充满空间区隔与流动、阶层固化与变动、社会秩序与无序的纠结与矛盾。

空间区隔与流动的矛盾在情节设置与角色定位中得以展现。故事在主人公老刀穿过步行街去找彭蠡问路的时候展开。老刀所工作的垃圾站处在城市的第三空间。小说固然写到三个空间之间不能随便穿行，却安排了彭蠡作为曾经在几个空间中穿行的角色，又设置了生活在第二空间的秦天与生活在第一空间的依言相遇，在第一空间工作的老葛的家人还生活在第三空间，城市管理者在考虑技术进步与就业问题时也会通盘考虑。这些细节的设置上显示了作者在三个空间设置中的矛盾与犹豫，虽然城市存在三个空间，空间区隔也一直存在，但是阶层间的流动并非绝无可能。如前所述，北京正是由于为那些怀有梦想的人提供了无限可能性才成了年轻人争相涌来或坚持留下的空间所在。

郝景芳对第三空间的描述与京漂书写有着惊人的相似。"步行街上挤满了刚刚下班的人。拥挤的男人女人围着小摊子挑土特产，大声讨价还价。食客围着塑料桌子，埋头在酸辣粉的热气腾腾中，饿虎扑食一般，白色蒸汽遮住了脸。油炸的香味弥漫。货摊上的酸枣和核桃堆成山，腊肉在头顶摇摆。"❶ 这样的描写与北京的流动人口较多有关。由于人口的过快增长膨胀，使得北京出现房价上涨、环境紧张等一系列的问题，在此背景下，北京这个

---

❶ 郝景芳.北京折叠[M].南京：江苏凤凰出版社，2016：1.

向来以"包容"成为年轻人追梦的首选理想地也开始释放出一系列的限制措施——限房、限车、限制低端产业等。加上不断高涨的房价和紧张的生活工作节奏,在北京安家立业成为"京漂族"心中永远的问题。在迷茫与惶恐中,他们开始重新设定自己的生活目标,叫响了"逃离北上广"的口号。

小说对新中产阶层生存困境的描述也直击城市空间的核心问题。瑞典学者奥维·洛夫格伦在分析中产阶级的生活时指出:"在这种稳定的社会体系里,没有必要花费大量精力,用各种行动和仪式维持社会的边界。无论城镇还是农村,不同阶层可以做邻居,上等阶层没必要通过空间的形式与低等阶层保持距离。因为人们都清楚自己的位置,有权有势之人和他们下级之间家长式的关系,自然会维系这种社会距离。……但随着新社会阶层的出现,社会关系必须重新定义。不同阶层的人做邻居现在成为一个社会问题……日益增长的地理空间中的流动性,需要清晰而简单的标识,以此标明身份认同和阶级边界。"❶ 空间区隔是身份认同与阶级边界的重要手段。"在一个快速变迁的世界里,个体需要寻找别的社会依托,而不是之前由自己邻居和所处的集体为自身提供的社会位置。这种需要导致家庭与外部世界之间更深刻的两极分化,其焦点是作为社会生活之中的核心家庭,这种现象也被称作家庭主义。"❷

西方城市文化中一直存在着将现代城市视为无序空间的观点,奥斯曼对空间进行规范化管理从一个侧面证明了人们对无序混乱的城市空间寻求理性秩序的渴望。1933 年的《雅典宪章》强调流动循环的功能主义视角占据上风,勒·柯布西耶将城市街道称为"交通机器",也有学者认为应该让城市中的步行廊道消失以保证调整交通的城市空间,在这样的城市发展脉络中,城市规划越来越按功能划分活动区域,而没有考虑到社会交往的便利

---

❶ 奥威·洛夫格伦,乔纳森·弗雷克曼.美好生活:中产阶级的生活史[M].赵丙祥,罗杨,黄一川,等译.北京:北京大学出版社,2011:73.
❷ 奥威·洛夫格伦,乔纳森·弗雷克曼.美好生活:中产阶级的生活史[M].赵丙祥,罗杨,黄一川,等译.北京:北京大学出版社,2011:74.

性，公共空间的活动也大打折扣。"二战"之后，功能主义的城市规划逻辑日渐遭受反对，各种不同流派与观点的城市研究学者从各自的角度提出技术官僚式城市规划对现代城市社会交往与城市活力的扼杀与损害，康斯坦特提出"整体性都市主义"，雅各布斯将城市街道的复杂性作为提升城市活力的重要手段的观点开始大得人心。

列斐伏尔早就指出："都市秩序包括并掩盖着一种根本的无序。特大城市就是罪恶，是污染，是疾病。都市异化包括所有其他形式的异化并将其房屋化。在都市异化中，隔离变得司空见惯（阶级的、邻里间的、职业的、年龄的、种族的、性别的，等等）。人群与孤独并在。"❶列斐伏尔对都市秩序的辩证关系深刻地揭示出来，即城市中一些观念变得荒诞不经、不可思议，主要表现在一些悖论式观点的存在：城市生活越紧张，愉悦感越强，休闲时间也就越充裕。如果要营造一种凝聚力，就要彻底修改这种空间结构，但是一旦修改了以隔离为特征的空间结构，都市就变成一片混乱。隔离是城市空间结构的特征，都市的秩序与无序本身就是一对悖论式存在。城市，因有了秩序，才得以更好地生活；因为无序，才给人提供了上升的空间与机会。

总之，郝景芳写作《北京折叠》的目的也许并不在于批判与揭示北京城市空间的区隔性，反而在细微处提供了一个充满无限可能性的城市空间。正如郝景芳在《北京折叠》获雨果奖发表获奖感言时指出："在《北京折叠》这篇小说中，我提出了未来的一种可能性，面对着自动化、技术进步、失业、经济停滞等各方面的问题。同时，我也提出了一种解决方案，有一些黑暗，显然并非最好的结果，但也并非最坏的：人们没有活活饿死，年轻人没有被大批送上战场，就像现实中经常发生的那样。我个人不希望我的小说成真，我真诚地希望未来会更加光明。"❷

---

❶ 亨利·列斐伏尔. 都市革命［M］. 刘怀玉，张笑夷，郑劲超，译. 北京：首都师范大学出版社，2018：103-104.

❷ 郝景芳《北京折叠》获雨果奖：不希望我的小说成真［EB/OL］.［2016-08-22］. http://news.cnr.cn/native/gd/20160822/t20160822_523050297.shtml.

第四章

回忆空间书写与文化乡愁

"被回忆的过去"并不等同于我们称之为"历史"的,关于过去的冷冰冰的知识。被回忆的过去永远掺杂着对身份认同的设计,对当下的阐释,以及对有效性的诉求。

——[德]阿莱达·阿斯曼

与北京城市实体空间的快速现代化相比，北京城市空间书写出现了相反的倾向，即文艺作品出现了一股城市空间的怀旧潮流。在现实生活中消逝的空间在文艺作品中被反复书写与营造，连同那个时代的城市文化一同被怀念、记忆、惋惜与留恋。由此，北京城市空间书写塑造了独特的回忆空间，以此来承载文化乡愁与城市记忆。离开了北京的叶广芩书写着记忆中的北京城市空间，一系列电视剧也在传统北京城市空间布局与建筑结构中传递着浓郁的京味文化，令人感受到北京城市空间书写中独特的文化意味与浓郁的文化乡愁。

一、回忆空间与文化乡愁

近几年，京味影视剧日渐风靡，这些影视剧以都市新空间为参照系，不断以影像书写日渐消逝的传统空间，胡同、四合院、部队大院、大杂院、老城门日益成为重要的空间符号出现在京味电视剧中。《正阳门下》（2013）、《情满四合院》（2015）、《生逢灿烂的日子》（2017）、《正阳门下小女人》（2018）、《芝麻胡同》（2019）等一系列电视剧的出现，营造出独特的回忆空间，勾起人们的怀旧情绪。从更根本的意义上来说，这些电视剧更像是一种文化乡愁，意在反思突飞猛进的城市化进程中北京作为城市空间的文化价值与文化认同，表达对随着回忆空间而逝去的传统文化的惋惜与留恋，启发人们思考城市化、现代化转型过程中传统京味文化的弘扬与传承。

（一）回忆空间：记忆与现实的辩证法

作为将城市文化、人文景观、行为主体紧密结合在一起的地域文化，京味文化一直以来颇受关注且成就斐然。京味文化形成了独特的审美风格、文化底蕴、思想内涵，在构建北京城市想象共同体、实现城市文化认同方面功不可没。老舍笔下的小羊圈胡同、陈建功小说中的鬈毛、王朔书写的部队大院、刘恒塑造的贫嘴张大民，承担着人们对北京的城市想象与文化观照。京味文化一直承担着书写处于变革洪流中的北京城市空间、塑造生活于其中的北京人的重要功能。

近几年，京味文化的发展越来越耐人寻味。一方面，以北京为题材的都市情感剧中京味文化逐渐淡化，除了几个标志性建筑作为空间符号提示人们故事发生地是北京之外，人物精神气质、城市文化底蕴已同城市新空间一样面临着千人一面、千城一面的尴尬境地；另一方面，京味浓郁的电视剧越来越回归到传统北京城市空间，以回忆空间引起人们的文化乡愁与怀旧情绪。在此语境下，《正阳门下》《情满四合院》《生逢灿烂的日子》《正阳门下小女人》《芝麻胡同》等电视剧，掀起一股京味文化的怀旧思潮。当人们在日常生活中从充斥着现代或后现代空间符号的标志性建筑如国家大剧院、鸟巢、央视大楼间穿行而过时，其情感倾向却越来越被胡同、四合院、正阳门等北京特有的城市空间所捕获。

京味电视剧重建回忆空间的行为从某种程度上显示当代城市文化以回忆回应现实的行为。德国学者阿莱达·阿斯曼通过征引皮埃尔·诺拉（Pierre Nora）"之所以有那么多人谈论记忆，因为记忆已经不存在了"这句话，引出他自己对记忆问题的思考，即"一个现象要先消失，才能完全进入人们的意识"。阿莱达·阿斯曼将之概括为回忆的"后顾性"。[1] 回忆空间的

---

[1] 阿莱达·阿斯曼.回忆空间：文化记忆的形式和变迁[M].潘璐，译.北京：北京大学出版社，2016：1.

建构正是基于记忆与现实的辩证关系之上。京味电视剧中出现的空间在现实中已难寻觅，正如宁肯在《北京：城与年》中写的那样："这些年南长街面貌大变，街上的菜店、副食店、粮店、照相馆、修车铺，都失去踪影了。没有垃圾桶，空空荡荡，干干净净。没有下学的人流，学校都迁走了取消了，民间的院子所剩无几，大多都经过了深度改造，变成很新的灰色深宅，烟囱还是见方的，墙体簇新，完全没了时间含量。除了新就是新，新得不可思议，甚至恐怖。都拆了，换了新的，却几乎无人。"❶ 现在这些消逝的空间不断出现在京味电视剧中，形成回忆空间。

　　与莎士比亚在其历史剧中通过历史回忆建构国家身份认同、卢梭的《忏悔录》通过生平回忆建构个人身份认同的意图相类似，京味电视剧很少以都市新空间为表现对象，而是主要将传统城市空间作为其表现内容，意图通过建构起回忆空间来与现实空间展开对话，以此建立城市文化身份认同。《芝麻胡同》中京味十足的四合院、老街坊、酱菜院子、小酒馆，熙攘嘈杂的街道以及人潮涌动的闹市等场景，勾勒出一幅老北京的城市风貌。《情满四合院》更是直接以四合院这一北京独有的空间为表现对象。《情满四合院》的导演坦言，在拍这部电视剧的时候质疑的声音很多，很多人认为京味剧过不了长江。"当时有人出主意，把四合院改成筒子楼，我说那就别拍了，单元楼怎么能前脚出门，后脚推邻居家的门就进，不是那么回事。"❷ 刘心武在《钟鼓楼》中以惋惜的心情用了整整一节对四合院的格局与建制进行了说明性描述，并将这一节的标题命名为"本书的一个大主角——四合院"，"从某种意义上说，它是研究封建社会晚期市民社会的家庭结构、生活方式、审美意识、建筑艺术、民俗演变、心理沉淀、人际关系以及时代氛围的绝好资料"❸。这种观点暗合了法国理论家列斐伏尔关于空间并不是故事的容器，其

---

❶ 宁肯.北京：城与年[M].北京：北京十月文艺出版社，2017：5.
❷ 新京报记者.刘家成食言，再导京味剧有何不同[EB/OL].[2019-02-21]. http://culture.people.com.cn/n1/2019/0222/c10103-30851459.html.
❸ 刘心武.刘心武文粹[M].南京：译林出版社，2016：185.

本身生产着社会关系的思想。

将空间作为研究对象，去观照自改革开放以来的京味电视剧，大体上可以发现一个趋势，即京味电视剧中对于空间的描写经历了"新空间想象"、"新空间呈现"与"老空间怀旧"三个阶段，虽然各个阶段中，代表老北京空间的意象不断出现，但是从情感结构上来说，却仍然可以梳理出电视剧中人物从对于新空间的向往到对旧空间怀旧的大体趋势。

改革开放初期的影视剧充斥着对胡同、四合院、大杂院的逃离情绪与对新空间的想象，在很多的作品中，旧空间是拥挤、逼仄的，而新空间是舒适、明亮的。《贫嘴张大民的幸福生活》虽题目为"幸福生活"，但实质上描述的是老北京大杂院空间里的辛酸故事，七八口人挤在只有十几平米的房间里，吃饭、睡觉、结婚、生子都是一场场空间争夺战。当张大民一家三口坐在屋顶上，边放飞象征着自由与希望的鸽子，边讨论"人为什么活着"的时候，张大民用他一贯调侃的语气说，只要没有人枪毙你，你就活着。这部电视剧在表现辛酸生活的同时，同这一时期的很多电视剧一样，结尾时剧中人物即将住进象征着新生活开始的单元楼。单元楼——而不是胡同、大杂院——成为人们向往的理想空间。

就空间角度而言，京味文化的韵味就蕴含在四合院、胡同、城墙城门、大院这些建筑空间里。只有在胡同、四合院组成的传统建筑空间中，京味电视剧才能演绎出真正的"京味儿"，无论是演员们操着纯正的京腔，道出幽默感十足的俚语，还是骆驼拉货、北京杂耍、拉洋片儿等传统民间艺术流淌在街景间，都折射出老北京有声有色的生活画卷和历久弥新的传统文化。只有将故事放置在这种独特的环境中，才能表现出京味文化的独特意味。难怪芬兰建筑思想家尤哈尼·帕拉斯玛说："建筑是我们联系时空的首要工具，并给予这些维度人性的度量。它驯化了被人类承受、安居和理解的无限的空间与时间。……时间与空间的交互，以及内与外、物质与精神、自觉与不自觉的优先性等辩证，这些感觉的此消彼长及它们的相互作用与交流，已经对艺术与建筑本性产生重要影响。"❶电视剧固然要塑造人物、讲述故事，但是在空间转向之后，列斐伏尔将空间上升到本体论的地位加以研究的事实表明，空间本身即可成为艺术表现的主体。

（二）文化乡愁：怀旧与乌托邦的辩证法

回忆空间引起的怀旧情绪，是一种永恒的文化乡愁。当过去熟悉的街巷被拓宽成千篇一律的街道，城门风化成文物符号，修葺一新的胡同、四合院在商业化开发之后成为高档休闲娱乐场所，街头巷尾听不到叫卖声和街坊邻居的寒暄，抬望眼，只看到都市新空间和新的标志性建筑的时候，人们只能从心底里涌起一种文化乡愁与怀旧情绪。既然城市不是固定静止的客观容器，它一直处于变动之中，那么这种怀旧情绪就不可避免。

近几年京味电视剧的兴盛无疑是人们怀旧情绪的镜像式表达。德国学者阿莱达·阿斯曼指出："我们今天面临的不是记忆难题的自我消解，而是它的强化。其原因在于，如果不想让时代证人的经验记忆在未来消失，就必须把它转化成后世的文化记忆。这样，鲜活的记忆将会让位于一种由媒介支撑的记忆，这种记忆有赖于像纪念碑、纪念场所、博物馆和档案馆等物质的载体。"❷阿莱达·阿斯曼在这里强调的是，经验记忆只有转化成文化记忆才能真正形成集体记忆，不至于在未来消失。城市记忆在很大程度上要依赖于城市空间意象的重构。京味电视剧在此意义上表现的是北京这个城市中的文化乡愁。

京味电视剧的文化乡愁的主要载体就是胡同、四合院这些传统空间。胡同、四合院是北京的标志性建筑形式。四合院空间是公共空间与私人空间结合的典型空间意象。人们根据长幼尊卑等级而居，关上门自成一体，形成

---

❶ 尤哈尼·帕拉斯玛.肌肤之目——建筑与感官[M].刘星，任丛丛，译.北京：中国建筑工业出版社，2016：21.

❷ 阿莱达·阿斯曼.回忆空间：文化记忆的形式和变迁[M].潘璐，译.北京：北京大学出版社，2016：6.

私人空间，打开门抬脚即步入公共空间之中。《情满四合院》主要突出在这个空间中人与人之间的"情"谊关系。在这个空间里，人与人之间形成熟人社会。与现代的陌生人社会相比，在熟人社会中，矛盾与问题的解决主要依赖于具有公德意识的人物。剧中的一大爷、二大爷、三大爷无疑是公正的化身，虽然他们自身也许有这样那样的缺点，但是这丝毫不影响他们在处理公共事务时的影响力。他们主持正义、打击邪恶、帮助弱小、热心公正。这正与现代陌生人社会情淡义薄形成反差。何雨柱被人称为"傻柱"，在揶揄中显示的是老北京的伦理道德与人情温暖，反衬与批判的是经济社会以金钱利益衡量价值高低的扭曲价值观。电视剧对何雨柱的欲扬先抑的手法烘托出时代变迁与价值标准的变化。类似的人物还有《正阳门下》的韩春明，在社会大潮里面浮浮沉沉却始终不改其热心本性。这种人物形象与性格是四合院空间在人物的精神气质上打下的深刻烙印，脱离这个空间，人物就失去了其文化底蕴与心理积淀。

如果说《情满四合院》是对四合院这一兼具公共空间与私人空间的空间意象的书写，《芝麻胡同》《生逢灿烂的日子》则突出展现的是胡同这一公共空间里的人生百态。自第一代京味作家老舍开始，胡同文化一直是京味文化的特色之一。《四世同堂》里小羊圈胡同各色人等在国家危难面前的不同选择呈现的是北京这个城市里城与人的丰富性与复杂性。《芝麻胡同》虽然以严振声的家庭婚姻生活的几次波折为主要焦点，但围绕在他身边的生活于胡同中的人物个个丰富饱满。《生逢灿烂的日子》里，老三几次改变命运的际遇都发生在胡同里。

《正阳门下小女人》则将酒馆这一空间呈现在观众面前。与上海的咖啡馆代表的现代性空间不同，酒馆着重体现北京城市文化中包容厚重的文化气度。酒馆不再是故事的舞台，其本身成为电视剧呈现的主角。酒馆这种带有北京特色的公共空间，是三教九流、大事小情、插科打诨、有里有面儿的北京人日常生活的空间。

文化乡愁在某种程度上已经超越了具体的空间意象，成为对现代生活中失去"家园"的缅怀。胡同、四合院、酒馆的空间书写不仅体现着北京城市空间的特色，更体现着北京城市文化精神家园在向现代文化转型过程中的缺失。安东尼·吉登斯曾经指出："现代性以其前所未有的方式，把我们抛离了所有类型的社会秩序的轨道，从而形成了其生活形态。"❶列斐伏尔从日常生活批判中看到了空间的社会生产特征。北京城市影像的回忆空间书写正是试图在传统社会与现代社会、传统精神与现代精神的断裂处进行弥合的努力与尝试。

颇具讽刺意味的是，承载文化乡愁的胡同、四合院只是当代人想象的产物。现实生活中的这些城市空间带给人们的并非完全是美好的记忆。王朔在《烦胡同》这篇文章里写道："我在北京的胡同区住了近十年，老实讲胡同可没给我留下什么美好的记忆……住在胡同里的同学家里大都生活困难，三代同堂，没有卫生设备，一个大杂院只有一个自来水龙头。房间里是泥地，铺红砖就算奢侈的了。"❷无独有偶，宁肯对大杂院的居住条件也感慨道："大杂院不宜居，非人，低矮混乱中人的心态阴沉、破碎、易怒，有许多精神乱码，看上去该拆。"❸从这里可以看出，京味电视剧对记忆空间作了乌托邦化处理。"回忆的进行从根本上来说是重构性的；它总是从当下出发，这也就不可避免地导致了被回忆起的东西在它被召回的那一刻会发生移位、变形、扭曲、重新评价和更新。"❹

乌托邦空间寄托着人们的美好理想。它是不存在的、遥远的，却是人们理想中的美好空间。赵静蓉指出："城市乌托邦与城市记忆其实是悖谬或对立的一组二元结构。一个是以未来为导向，一个是以过去为内容；一个是对希望和理想的规划，一个是对传统和历史的反思。城市乌托邦和城市记忆

---

❶ 安东尼·吉登斯.现代性的后果［M］.田禾，译.南京：译林出版社，2000：4.
❷ 王朔.烦胡同［J］.中国作家，1994（2）.
❸ 宁肯.北京：城与年［M］.北京：北京十月文艺出版社，2017：80.
❹ 阿莱达·阿斯曼.回忆空间：文化记忆的形式和变迁［M］.潘璐，译.北京：北京大学出版社，2016：24.

的并存最深刻地反映了现代城市生活的矛盾重重。"❶ 雷蒙·威廉斯在对乡村与城市进行一番考辨之后指出，田园主义怀旧出于反对资本主义金钱秩序而将情感附着于一个理想化的前资本主义美好世界是对历史的歪曲和误读。将城市记忆乌托邦化也是文化乡愁的一种表达方式而已。

（三）"自反性"现代性：传统与现代的辩证法

京味电视剧用怀旧的形式展现城市在现代化进程中传统与现代性矛盾关系的反思。英国学者彼得·布鲁克（Peter Brooker）将"自反性"现代性置于中心位置，认为小说和电影无疑提供了对城市空间进行反思的功能，"我一直坚持这样的观点：文学和电影通过模仿可能的、可供选择的与身份和社会性有关的故事，对现代批评文化和重塑的城市想象起着促进作用"❷。这类小说和电影要解决的是城市从何处来、向何处去的问题。多琳·马西将城市描述为"许多故事的交叉点"，现代主义和后现代主义文本如何阐述城市不断变化的物质形态、主体经验和社会经验，一方面去探究这些故事如何解读城市，另一方面去认识城市的形态和形成过程如何使那些解读成为可能或受到限制。城市空间与空间书写，即"现实的城市"与"书写的城市"是一种对话性关系。小说的象征性想象为现实城市空间提供了各种可能性，而城市空间造就、削弱或提供想象的材料。

本雅明在19世纪通过对城市、建筑以及公共空间的考察，从拱廊街中发现了现代城市空间。19世纪晚期，百货商场取代拱廊街成为现代社会消费的重要场所。❸ 安东尼·吉登斯认为现代化经历了"时间的虚化"与"空间的虚化"，前现代社会空间和地点的一致性在现代社会被打破，"缺席"与

---

❶ 赵静蓉.作为时间概念的城市：记忆与乌托邦的两个维度［J］.探索与争鸣，2018（10）：125.

❷ 彼得·布鲁克.现代性和大都市：写作、电影和城市的文艺社群［M］.杨春丽，译.南京：江苏凤凰教育出版社，2015：235.

❸ 本雅明.发达资本主义时代的抒情诗人［M］.张旭东，魏文生，译.北京：生活·读书·新知三联书店，2012：181.

"在场"的关系更加复杂。❶ 城市空间的演变与社会现代转型息息相关。德波拉·史蒂文森认为城市美化运动中造就了权力景观。❷ 在北京城市现代化进程中，增加了商业侵袭的因素。代表现代化的推土机"将胡同推了，院子推了，枣树、梨树、柿子树推了。连片的胡同院子变成连片的高楼、小区、家乐福、CBD、银行、加油站、证券交易大厅、肯德基、麦当劳。是，生存问题解决了，生活也方便了，但北京消失了"❸。所以，作家宁肯慨叹伴随着老北京的消逝，城市文化失去了来路。与传统的逝去相伴而来的，是大城市病所带来的"城愁"。没有了来路，去往何方也成了问题。

与本雅明从城市、建筑的角度进行研究的理论框架不同，西美尔从空间体验的角度研究现代性，他从心理体验的角度指出都市社会中的人由于过度刺激，"器官变得麻木不仁，毫无个性"❹。新空间带给人们的麻木不仁与传统历史空间共同体的解体带来的惋惜，两者共同形成了京味电视剧的思想基础与情感基础。《芝麻胡同》中对京味十足的"京片儿"的过分强调，正是这种文化心态的征候。在这部电视剧的第一集，主人公就以浓郁的京腔京韵开场："一样的谷，养百样儿的民，二道眉的艮，大卫青的辛，三缕子的麻，张苤蓝的筋，泥偶都有三分土性，您就更甭提咱百家姓的人了，在那个想解馋，辣和咸，吃食离不开酱和盐的老式年间，活着也好比缸里腌。""癞蛤蟆爬脚面，不咬人恶心人。"这些日常生活中都不再常见的语言出现在电视剧里，其实是想以一种激进的方式表达对老北京的怀念。今天京味电视剧中关于四合院、胡同、酒馆等空间的呈现，也多半被赋予了时代的理解与记忆。"被回忆的过去永远掺杂着对身份认同的设计，对当下的阐释，以及对

---

❶ 安东尼·吉登斯.现代性的后果[M].田禾，译.南京：译林出版社，2000：16.
❷ 德波拉·史蒂文森.城市与城市文化[M].李东航，译.北京：北京大学出版社，2015：94.
❸ 宁肯.北京：城与年[M].北京：北京十月文艺出版社，2017：80-81.
❹ 汪民安，陈永国，马海良.城市文化读本[M].北京：北京大学出版社，2008：133.

有效性的诉求。"❶

因而，这些京味电视剧的原本意义也许并不是仅仅满足于将原汁原味的带有强烈地域色彩的北京人的日常生活呈现在大家面前，它更多的意义应该在于启发人们思考：京味文化中的哪些部分应该被保留？我们今天的怀旧，到底在怀念什么？今天现代化的城市生活，又缺少了什么？

影视剧里的传统空间明显与现代生活空间形成鲜明对比。在现代化生活空间中，"电话、电视、录像、家用电脑之类的东西引入了一种全新的接触方式。公共空间中的直接交往现在可以为间接的远程通讯所取代。身临其境、参与和体验也可以通过被动地观赏画面、了解他人在别处已经经历过的场景这种方式来代替。汽车使人们可以随心所欲地驱车出去会朋友和观光，而不断积极参与当地自然发生的社会活动"❷。我们的日常生活正在现代技术的影响之下，成为一种吉登斯意义上的"脱域"的生活。

现代都市空间的千城一面是现代城市文化的一个表现形式，反映现实生活的都市情感剧将写字楼、社区、单元楼作为人物主要活动场所。这些故事也许会以某一个城市为背景，但有意思的是，如果将故事背景换为另一个城市也没有什么不妥。赵园在《北京：城与人》中强调的人与城的精神联系被割断。电视剧《都挺好》引发热议，据说还带火了苏州的巷子经济，但是故事背景如果换成其他城市，也不觉得有任何违和感。《恋爱先生》中出现的高大上的工作空间，无论是外景还是空间内部设计，都与这个城市的关系不大。

现代都市空间的隔离状态是现代化对城市文化的另一个冲击。"居住方式、居住环境的改变，终将改变北京人的生活方式——尤其是人际关系、

---

❶ 阿莱达·阿斯曼.回忆空间：文化记忆的形式和变迁[M].潘璐，译.北京：北京大学出版社，2016：85.

❷ 扬·盖尔.交往与空间[M].何人可，译.北京：中国建筑工业出版社，2002：53.

人际交往形式——这胡同文化中最足自傲的部分。"❶赵园提及，北京人的居住空间从四合院式的封闭，到公寓大楼里单元房的封闭，已是全然不同的文化。生存的空间形式对人的文化性格、城市的文化面貌的影响已经显而易见了。电视剧《生逢灿烂的日子》中的父亲母亲最终无比留恋地离开了小院，离开了生活了几十年的街坊邻居；《贫嘴张大民的幸福生活》中，生活在大杂院中的张大民最终离开了狭窄逼仄的大杂院，住进了单元楼之后的生活状态，似乎可以从现代都市情感剧《恋爱先生》中天天闷在家中的程皓的父亲、《美好生活》中徐天的母亲身上寻觅到。现代城市空间带来了生活的便利，人与人的关系却疏离了，传统城市空间只能存在于镜像中，供人回忆，却再也回不去了。

概而言之，无论是刘家成导演的京味三部曲《正阳门下》《正阳门下小女人》《情满四合院》，还是果静霖编剧的《生逢灿烂的日子》，都是努力尝试以空间书写时间的年代大剧。他们用影像塑造出特定的京味空间，传递着当代的怀旧与乡愁。京味电视剧在记忆与现实、怀旧与乌托邦、传统与现实的矛盾纠结中谱写了一曲京味文化的挽歌，表达出北京城市文化在现代转型中的反思与困惑。

二、文化记忆与身份认同

在众多作家中，叶广芩对北京的城市书写独树一帜。叶广芩以其独特的家世背景和生命体验为故事底本，创作了一系列发生在北京城、反映满族旗人生活的家族小说，以家族背景为基础展开叙事，塑造了一批具有传统文化意义的人物形象，呈现出对中国满族贵族身份认同、历史文化记忆方面的理性认识和反思。

---

❶ 赵园.北京：城与人［M］.北京：北京大学出版社，2014：104.

（一）历史变迁中的城市再现

北京这座六朝古都自中华人民共和国成立后进行了多次城市规划，如今的北京是现代化的国际都市，也是具有悠久历史的文化名城。由清末到民国再到中华人民共和国，几朝都城的名称由北京改为北平后再次改回北京，城市景观发生了巨大的变化。在老舍的散文《想北平》中有这样一段话："面向着积水潭，背后是城墙，坐在石上看水中的小蝌蚪或苇叶上的嫩蜻蜓，我可以快乐地坐一天，心中完全安适，无所求也无可怕，像小儿安睡在摇篮里。"随着时代的更替，北京城发生翻天覆地的变化后，逐渐由蕴含着传统建筑文化的古城发展为高楼林立的现代化都市。叶广芩儿时所生长的故园已经发生新变，出现了新人新景新物。

在叶广芩小说《采桑子》的第五章《不知何事萦怀抱》中，曾身为建筑设计师的廖世基患上老年痴呆症而在雨夜中走失，后在一块电脑广告牌前被发现，执意与他人说那块广告牌是"东直门城楼"，清楚地讲述"这城楼跟别的可不一样，北京八座城楼，无可替代，各有时辰，各有堂奥，各有阴阳，各有色气。城门是一城之门户，是通正气之穴，有息库之异。东直门，城门朝正东，震位属木，五季占春，五色为青，五气为风，五化为生，是座最有朝气的城楼，每天太阳一出来，首先就照到了东直门，它是北京最先承受日阳的地方，这就是中国建筑的气运。你看故宫三大殿，坐北朝南，方方正正地往那儿一蹲，任你再大的建筑，尖的、扁的、圆的、高的、矮的，谁也压不过它去。为什么？建筑的气势在那儿摆着呢，这就是中国！廖先生说这话的时候，我看见他的眼里，没有立交桥，没有广告牌，没有夜色也没有雨水，只有一座城楼，一座已经在北京市民眼里消失，却依然在廖先生眼里存在着的城楼。那座城楼在晴丽的和风下，立在朝阳之中"。❶作者笔下年迈的廖先生还活在他年轻记忆里的北京城，这也正是叶广芩对城市景观变迁

---

❶ 叶广芩.采桑子［M］.北京：北京十月文艺出版社，2015：188.

提出的反思。

　　长篇小说《全家福》是叶广芩写居住在北京四合院中的古建工人王满堂一家，以及邻里几代人五十年恩怨情仇、生死沉浮、悲欢离合、动人心魄又发人深省的世俗生活故事。从新中国成立前夕到21世纪初，借王家世代人物的故事贯穿北京城市的变迁。《全家福》中，作者刻画了一群生活在北京胡同里的性格鲜明、栩栩如生的人物形象，有生性耿直，以"平如水，直如线"为人生准则的古建队长王满堂，倾心顾家、对儿孙呵护备至而耗尽心力的大妞，热心助人却时刻不忘"敌情"观念的治保主任刘婶，受到政治冲击却对生活泰然达观的周大夫，以及在新中国成立后成长的年青一代北京人柱子、刨子、门墩儿、坠儿等。小说在社会嬗变中展开叙述王满堂一家的故事，他们由生活在灯盏胡同的传统四合院，在拆迁政策后搬到政府统一安排的现代商品房。主人公王满堂作为古建工人，对北京的建筑有着深厚的感情，但也目睹了亲手建造的古建城楼在新城市规划中被迫拆除，甚至胡同里居住了几十年的自家四合院也变为了零散的砖瓦。当城楼被拆除时，王满堂悲伤地感叹："一个建筑不在了，就如同一个老朋友不在了。"早已不是建筑工人的他，从一个生活在北京半个多世纪的老市民的角度发出了感慨。为了测定土质，已经年过古稀的王满堂独自在施工工地蹲守了一整夜。这就是"工匠精神"，令人敬佩的同时也流露出对北京城古建遗产消逝的遗憾。

　　古建筑的留存在很长时间是被人忽视的，就像叶广芩其他作品中提及的其他中华传统文化受到时代的冷落一样。但在知识分子、有民族责任感的文化人和社会活动家强烈呼吁声中，国家越来越重视中华传统建筑文化的挖掘整理和保护。在新北京的建设过程中蕴含宝贵传统文化精髓的古老建筑被拆除和损坏的情况已经不常见了，但是在叶广芩的笔下，那些随着前辈的老去而倒下的传统古建筑却只能留存在一代北京人的记忆中了。

　　叶广芩在书写北京的作品中均以第一人称视角去观察事物，在《曲罢一声长叹》中写到从陕西回到阔别许久的故乡时，亲人大多已经离开了人世。最小的哥哥老七已患上癌症，依然清贫地生活在古老简陋的房屋，处世低调、含蓄隐忍，在"文革"时被打断了肋骨，随后避世在家中以画工笔画为生，处境潦倒的他依然保留家族独有的清雅高洁以及对人格尊严和气节的固守。他是家族最后的守望者，是作者回到北京后唯一的家人。

作者为身患癌症的老七提前探访安葬之地，来到京郊门头沟地区的祖坟时，发现昔日带蟠龙的石碑和石砌的墓圈已经荡然无存，"唯有喷灰扬尘的烟囱和上上下下繁忙的搅拌声"，让作者觉得那搅拌的不是石头而是在粉碎祖先的骨骸。作为家族最后的守护者老七在离开人世后已不能再与他尊敬和守护的先祖共同长眠。祖坟的消失以及最后一位亲人的离世也象征着曾经显赫一时的满族贵族彻底在历史的长河中不复存在，不留一丝痕迹。叶广芩在作品中不断反思，当以老一辈传统艺术家、城市的最后守望者为代表的老七逝去后，对于古老城市中留存的家族精神的悼亡只得空留叹息。在当今这个充满商业化气息和物质诱惑的时代，恐怕无人能担当起传承者和继承人。在散文集《去年天气旧亭台》中，叶广芩以北京的亭台楼阁建筑名称为题目，回忆了在北京发生的故事。这个她生活了二十年的故里，是让作者魂牵梦绕的精神家园；然而面对着新楼群，作者睹物思亲，引发了对父母兄长以及发小们的思念之情。如今，经过了新规划的北京城真正变成了国际化的都市，成了"不夜城"。这里的人们过着快节奏的生活，奔走在城市拥堵的街道上，为了生计和梦想而拼搏着。

（二）根植于传统的末世贵族文化记忆

在中国长达两千余年的封建帝制统治中，清朝成为中国历史上最后一个大一统封建王朝。在现代社会变迁的过程中，满族贵族后裔经历了从清帝逊位到中华人民共和国成立后的政治环境以及文化习俗等诸多方面的变革和落差。在特殊的历史时期，满族文化遭到了强烈的批判与歧视。随着民族矛盾以及政治束缚的逐渐消融和解除，满族作家叶广芩开始以家族背景为创作基础，展开了一场对逝去的生活习俗与传统文化的追忆。童年时期生活在北京胡同的祖姓为叶赫那拉的小格格叶广芩，有着深厚的文化修养和生活阅历,这使得她的作品对清朝大宅门生活场景描写细致入微,有厚重的京派文化底蕴。

一个人的成长不能脱离家族环境的影响,甚至已经在思想上形成深刻的烙印。叶广芩在《采桑子》的后记中说:"我们家是旗人,祖姓叶赫那拉,辛亥革命后改姓叶。叶赫那拉是一个庞大而辉煌的姓氏,以出皇后而著名,从高皇帝努尔哈赤的孝慈高皇后到景皇帝光绪的孝定景皇后,叶赫那拉氏中先后有五位姑奶奶入主过中宫。至于嫔、妃之类就更不在话下了。"❶在这样一个"皇亲国戚"家庭中,身为清王朝最后一位太后——隆裕太后的侄女,作者在北京东城区度过了无忧无虑的童年时光。

以清廷镇国将军后裔的金家小格格视角,讲述金家家族往事的传统家族小说《采桑子》中,金家十四位子女在清王朝覆灭之后,不再过着吃皇粮俸禄的无忧生活,开始在新社会寻求生计,内心经历着煎熬和强烈的坠落感。在内心深处,他们依然存在着强烈的优越感,伴随着封建王朝遗留的物质财富和"官爵",他们不愿意丢掉已经固化了的道德伦理和文化追求,而去迎合已经变革后的新社会环境。作者借词人纳兰性德的《采桑子·谁翻乐府凄凉曲》这首词作为小说书名及章节名,表达了与纳兰性德同样的忧思和怀念之情,隐藏着作者在物是人非的社会中的孤苦哀怨感。身处家族末世的叶广芩,经历了父母以及兄长们的相继离去,目睹了特殊时代政治斗争的残酷无情,家族文化的陨落使得她内心悲哀无助,留给她深重的文化忧患意识。

内心的焦虑与迷惘使得没落的贵族子弟们处于对身份的强烈挣扎和自我否定中,有的走上了反叛皇族王朝的军统队伍,成为与宗室对立阵营中的一员;有的依然沉浸在虚拟的戏曲世界中,内心与真实现实的生活完全独立开来,痴迷戏曲以慰藉和逃避尴尬落魄的生活;有的期盼过一种完全不一样的人生,不惜衣衫褴褛到街边桥下扮演"叫花子";有的无法忍受疯狂

---

❶ 叶广芩.采桑子[M].北京:北京十月文艺出版社,2015:396.

无礼的批斗,选择在老宅中自尽来结束自己的一生;还有的被正直无私的官兵感染,离开"门当户对"的原配去追求婚姻自由而走向新生活。叶广芩作为家族中最小的女子,离开故园赴陕西工作学习几十年后,再次踏入记忆中红墙碧瓦的古都时,却看到了曾经的古宅已经被鳞次栉比的高楼取代。这使叶广芩感受到留存在内心深处的关于家族的记忆已经在现代社会的冲击下逐渐消逝,这激发了叶广芩对逝去的家园以及过往生活浓郁的怀旧情结。

在叶广芩的作品中,民族传统文化与家族情感贯穿始终,待人接物、长幼尊卑的礼仪是父辈教育子女做人所需要的最基本的修养。在小说《采桑子》第四章《瘦尽灯花又一宵》中,金家的小格格受父亲所托到镜儿胡同舅爷府邸拜年,家中准备的是"一个大篮子,那里头有年糕、炖肉、蜜供和两只酱肘子。……春联上有我父亲恭正的楷体"。拜年的交通工具为马车:"我父亲有一辆马车,里面有宽大的紫绒座,外面有玻璃的车灯和明亮的拉手。"作品中多次提及请安的礼节:"安要请的大方自然,要直起直落,眼睛要看着被问候的对方,目光要柔和亲切,话音要响亮,吐字要清晰,所问的前后顺序一点不能乱。"金家老三中年后赴"三娘"的春饼宴时,依然行标准的旗人礼;二格格去世后,儿子沈继祖前来报丧时依然在人多口杂的公众场合跪地磕头;从陕西插队回京的老五之子在见到长辈时,依旧没有忘记地道的满族礼节。除此之外,作品中涉及传统文化中的京剧、书法、字画、古董、古籍,以及儒家与道家的文化,用这些宝贵的非物质文化遗产给读者带来独特的古典氛围,走进曾经的"大宅门"去听一曲北平名媛唱的《锁麟囊》;共同品鉴做工精良的宫廷古玩,观赏惟妙惟肖的工笔人物画后再品一口自酿的醇香米酒。清朝统治阶级入关后进入京城,积极推行满族文化与中原汉族文化融为一体,满族文化与汉族文化相互借鉴相互融合。他们对京剧的繁荣发展作出巨大贡献,在建筑、风水堪舆、品鉴古玩、服装、礼仪、琴棋书画等文化领域的继承与发展都有所贡献。

家族的文化价值观念在叶广芩心中留下深刻烙印,作品中体现出了她对家族文化的眷恋和认同,塑造出儒雅脱俗的形象,不但描绘出贵族后裔家庭的闲适享乐生活,也写了在北京的底层市井百姓生活。在《醉也无聊》中,写到陕西插队当知青却因懒惰而"永远睡不醒"的金瑞,娶了勤奋贤惠的陕北农村寡妇后,朴实的农妇尽心照顾金瑞,让他从此过上了衣来伸手饭来张口的日子。在《梦也何曾到谢桥》中,写倔强的裁缝之子六儿与母亲相依为命,不愿接受富贵人家的"施舍"。在《祖坟》中,工笔画家金家老七在失恋多年后娶了其貌不扬的普通织袜女工,无论是学识和志趣都不相投,然而织袜女工丽英尊重丈夫的爱好,在穷困潦倒之际共同承担家庭的困苦,尽心照料、陪伴终身。这些皇族的后裔们的生活中出现了形形色色的市井平民百姓,正是这些百姓用他们的宽容与真诚,陪伴败落的皇室子弟们走过迷惘的人生。叶广芩的作品语言通俗易懂、平白幽默,没有过分的煽情却让人在字里行间读出触动内心的情感。她熟悉并热爱平民阶层的生活,身为家中年纪最轻的小女儿,她性格热忱开朗、朴实亲切。在散文集中,叶广芩多次提到与小家庭出身的母亲一同到乡下度假,体察普通百姓人家的人情味;描绘生活在胡同里的普通人民,用自己的辛勤汗水维持生计。在叶广芩的作品中,她所理解的贵族精神已经融合了儒、道思想以及中原文化精神,共同构成了积极向上的民族精神。

(三)时代风云的变迁与身份认同

离开北京到陕西,叶广芩经过七年的记者生涯,后又从事护士、编剧工作,成为西安文联的一名作家后前往日本生活和进修,得到了与儿时完全不同的历练,大气质朴的陕西中原文化对她产生深远的影响。正是这样的人生阅历让她能理智地审视家族的文化,站在"旁观者"的视角,描述清朝贵族式的无为与傲骨是与飞速发展和变革的新社会格格不入的。在20世纪80年代叶广芩也曾写过许多作品,但是都刻意回避个人家族背景。叶广芩对民族身份的转换是十分艰难的。民族与家族在时代的变迁中逐渐处于边缘地位,因此,叶广芩的后期创作开始寻找民族身份的确认与归属感,从写作题材、人物形象塑造的转变过程，可以看出叶广芩重新确立身份、寻找归属感的过程。

叶广芩反感他人称其为"格格作家"，而喜爱被称为陕西平民作家。那是她一度对民族身份的自我否定，给家族带来痛楚的贵族身份是她刻意回避并隐藏在心中的。这样的亲身经历使她在作品中开始探究与她拥有同样身份的旗人子弟精神层面上的矛盾。对传统家族文化深刻的眷恋和内心油然而生的自豪感，他们逐渐开始在历史变迁中重新确立自我，艰难地审问和质疑曾经的贵族身份，渴望民族身份得到认可的同时艰难地与新环境融合。正如叶广芩在作品中写道："世态炎凉，年华逝去，置身于市井之中，终难驱除自己身上沾染的俗气；然而厌恶俗气的同时又惊异于以往的古板守旧，苛求别人的同时又在放松着自己。检束身心，读书明理已离我远去，表面看来，我是愈老愈随和，实则是愈老愈泄气。"❶这不仅是在写曾经家族的衰败，更是用无可奈何的口吻叙述着前朝遗民的特殊身份命运。

身在异乡的作者对于家族的文化记忆伴随着对自身民族身份的认同，是对于逝去过往"乡愁"式的追怀心理。叶广芩在作品中流露出的身份认同感是显而易见的，在离开北京到他乡生活学习的日子里，陕西恢弘的帝王之气与厚重的人本之气、陕西人的宽广胸襟与朴实善良，热情而诚挚地接纳了作者。正是脱离家族多年的人生经历让她产生了自省批判意识，甚至与传统的家族文化逐渐相背而行，并且不愿被贴上"贵族后裔"的身份标签，将自己置之度外。总之，在传统与现代的碰撞中，叶广芩认识到自己所归属的群体与其他群体存在的差异性，站在新的立场角度去理性地批判曾经家族中存在的与新的时代环境不相符的方面，同时又感性地对民族身份存在眷恋之情，对自我民族身份的认同具有强烈的归属感。

---

❶ 叶广芩. 采桑子［M］.北京：北京十月文艺出版社，2015：105.

三、天际线空间与文化记忆

城市天际线不仅是城市发展的象征，也是城市历史的缩影，同时也是城市发展到一定阶段在时间和空间艺术上的结晶。在北京三千年的建城史上，城市天际线随着观念演变与设计思路的变化而不断发生变化，从城墙到"燕京八景"，从金碧辉煌的皇家建筑到现代大众娱乐休闲场所，从天安门广场的人民英雄纪念碑再到改革开放之后的摩天大楼，北京的天际线不断被改变。当位于北京CBD商圈的"中国尊"再次刷新天际线的高度的时候，文艺作品却一再返回历史中，去回忆空间中寻找独具韵味的京味空间。电影对屋顶空间的视觉呈现，蓝天中翱翔的白鸽、回响的鸽哨，都是对北京天际线空间的缅怀。当现代城市文化在天际线空间上以工业化、商业化形成同质化现象的时候，文艺作品却以回忆空间重塑北京天际线空间的建筑、意境与线条方面的美学特征。

（一）"房顶"上的意境美学

与现代城市新空间中天际线越来越追求高度不同，老北京的天际线颇值得称道。林语堂曾经说："鸟瞰城市的最佳方法也许就是从宫殿后面煤山（今景山）上的亭子里向下看。此处是这一带的最高点，离北城墙很近，能对整个城市一览无余。向下望去，皇城的绮靡光彩和壮丽辉煌展现于眼前。"❶ 当代作家肖复兴对老北京的房顶也记忆深刻："老北京的房顶铺的都是鱼鳞瓦，灰色，和故宫里的碧瓦琉璃成色彩鲜明的对比。鱼鳞瓦虽不如碧瓦琉璃那般炫目，那般高高在上，但满城沉沉的灰色，低矮着，沉默着，无语沧桑，力量沉稳，秤砣一般压住了北京城，气魄如云雾天里翻涌的海浪。难怪贝聿铭先生那时来北京，特别愿意到景山顶上看北京城这些灰色的鱼鳞

---

❶ 林语堂.辉煌的北京[M].北京：北京联合出版公司，群言出版社，2012：27-28.

瓦顶。"❶ 美国作家哈里森·索尔兹伯里（Harrison Salisbury）说："它灰中泛青，褪色的黄围墙内檀木清香缭绕，在朱门绣阁间漂浮。"❷ 与现代城市天际线直插云端、以高度取胜，须仰视才可以观察不同的是，传统北京城市的天际线低矮、错落有致，登到一高处即可看到城市全貌，却不乏历史感、力量感与气势。

与中国古代审美观讲究"意境"相似，北京城市天际线空间如同绘画中的留白，总是在实体空间之外发挥着举足轻重的作用。很多时候，人们对空间的探讨与研究集中在可视化的实体空间，这些空间具体可感、清晰可见，但是，与实体空间相关的文化空间，文化充盈于其中，于无声处胜有声，营造着某种氛围，建构着某种关系，发挥着某种作用。如同建筑评论家、城市规划思想家刘易斯·芒福德在《城市文化》的序言中指出，城市是自然界万般事实中的一种，从这个概念上说，它与一处洞穴、一座蚁冢并无差别，同时，城市又是人类最了不起的艺术创造，在其中，空间被艺术化地予以重新安排："城市的边界线的走向，天际线上城市剪影的高低错落，地平线上城市形象的低定位及高耸峰巅……这样，通过对自然空域的取舍，城市就把某个历史文化和某个历史时代，对于这座城市的存在这一基本事实都曾经采取过什么态度，通通记录下来了：建筑物的穹窿，尖塔，轩敞的大道，幽秘的庭院，都讲述着这样的故事，不仅讲述着城市的各种不同的物质设施，还讲述着有关人类命运的各种不同观念和思想。"❸

北京的天际线景观还不止于建筑所带来的色彩对比、高低参差的视觉美感，还缘于天际线中的听觉美感。回荡于空中的鸽哨，便是其中的景观之一，画家郁风曾经这样写道："我从小生长在北京，不论是春暖花开或天寒欲雪，都听惯了清晨来自天空的鸽哨一遍一遍飘过。只要住过北京的人都会

---

❶ 肖复兴. 北京人［M］. 南京：南京大学出版社，2014：197.
❷ 首都博物馆. 极简北京史［M］. 北京：外文出版社，2018：85-86.
❸ 刘易斯·芒福德. 城市文化［M］. 宋俊岭，李翔宁，周鸣浩，译. 北京：中国建筑出版社，2009，序言：4.

有这印象,它成为北京的标志。"❶ 英国医生芮尼(Rennie)也对鸽哨印象深刻:"我们每隔一段时间,便听到空中一些声音……人们在鸽子的尾部装了一种像哨子又像风鸣琴的东西。……当鸽子在天空飞翔时,便发出一种像风鸣琴的音调。这玩意只是北京独有。"❷

随着时代的发展,大规模的棚改,成片的胡同消失,养鸽人也越来越少,有时候抬起头,身处在高楼大厦中,再也看不见那盘旋的鸽子,听不到那动人的鸽哨声了。

"城市天际线"虽然是近几年随着城市化进程兴起的一个概念,但是,如若到中国古典文学中去寻觅,会很容易发现,中国古人对天地交接地带的书写无论是质量还是数量都相当壮观。无论是诗人极目远眺,吟诵"黄河之水天上来,奔流到海不复回"以此抒发心中的豪迈之情,还是登高望远,"独上高楼,望尽天涯路"时由衷的感叹惆怅之情,抑或北朝民歌"天苍苍,野茫茫,风吹草低见牛羊"所带给人们的辽阔感,都将目光投射在天地交接处的那条线上。这时候,天际线与地平线两者的区分并不十分明显。然而,随着城市成为人类聚居的重要空间,随着城市化进程的不断加速,当然,更重要的是,随着人们对城市观念的不断变化,天际线空间越来越向纵深发展。当城市建设与发展理念不再将城市与山水相连,而是追求挣脱山水的桎梏的时候,具体到北京城市空间,当人们再难在文学影视作品中看到天空中自由翱翔的鸽群,当人们再也听不到那一声声清脆响亮的鸽哨声,当人们只能仰视摩天大楼拔地而起,却很难信步登临而观全城的时候,天际线空间就走入了北京人的回忆之中,彻底变成了一种文化记忆。

---

❶ 郁风.王世襄与芳嘉园小院[M]//郁风.故人·故乡·故事.北京:生活·读书·新知三联书店,2005:238.
❷ 芮尼.北京与北京人[M].李绍明,译.北京:国家图书馆出版社,2008:112-113.

(二)"屋顶"的空间想象与文化记忆

在北京城市空间中,"屋顶"无疑是一块"飞地"。它似乎游离于现实生活之外,很少有人将其作为建筑空间或实体空间来看待,因而,实体空间的特征并不适用于它。它构成了一处可大可小的小说及影视想象的独特空间。宁肯在《北京:城与年》中,以无限怀念之情写出童年时期屋顶带给一个儿童视觉上的优越感:"你居高临下监视发现你的人,看他们激动、茫然的样子,他们的背后部。因为空间不同,你们的某种关系也不同,在这个意义上说这是一种类似梦一样的权力,同时又是一种实际上的权力。你到了房顶,便意味着你获得了一种超越别人、观察别人的权力。你不再是孩子。……房顶是现实的,又是非现实的,如此日常,又充满奥义。"❶

屋顶为人们构筑起一处心灵空间。不管此处实体空间如何狭小,都如同加斯东·巴什拉在《空间诗学》中所描述的那样,"屋顶"空间获得了一种广阔的辩证意义,使人可以超脱出日常生活。"我看到许多更远的院子,更远的胡同,更远的街巷,放眼望去,那一格一格的青瓦,种种倾斜,院连着院,院中院,总是让我发呆、出神、忘我。我看到了炒菜、做饭、写作业、跳皮筋、追跑打闹——这些最熟悉的日常生活也让我陌生,就仿佛在电影中看到了自己,是的,我虽然在上面,但同时还在下面。"❷

由于"屋顶"的超脱性、无限性,以及与心理空间的密切关系,在文学及影视中得以充分地表达。电影《十七岁的单车》中,城市底层男孩小坚在狭小的居住空间里几乎无法安身,处处生活在父亲及妹妹的注视之下,能到"屋顶"上透口气,成了他唯一可以放松的时刻。

导演姜文对"屋顶"空间情有独钟。电影《阳光灿烂的日子》里,屋顶是马小军的避难所,他像一只猫一样在屋顶上游走,从太阳升起到夕阳落

---

❶ 宁肯.北京:城与年[M].北京:北京十月文艺出版社,2017:40.
❷ 宁肯.北京:城与年[M].北京:北京十月文艺出版社,2017:40-41.

下，在屋顶上他可以躲避母亲的叫嚷、课堂的冗杂，他还可以静静在屋顶上想念米兰，那个让他朝思暮想的梦中情人。在《太阳照常升起》里，屋顶是疯妈的"故里"，她在屋顶上念诗，在屋顶上回忆过去，在屋顶上呼唤那个照亮她生命的人。直到电影《邪不压正》，观众们可以发现姜文把对老北京的美好回忆倾注在北京城市空间一个标志性符号中，尤其是屋顶上。

《邪不压正》里直接把屋顶之上、屋顶之下分为两条线，屋顶之上是理想与想象，是李天然和关巧红的定情之地，他们在屋顶上邂逅、交心再分别，李天然还会飞檐走壁，很重要的复仇也是靠屋顶完成了一半。屋顶之下是现实，是复仇、机关算尽。影片巧妙地构筑起现实世界之外的另一个空间。这个空间是传统北京所独有的，带着浓郁北京地域气息的场所。作为导演的姜文坦言，他的确很喜欢屋顶，屋顶与地面，是两个平行世界，人走在屋顶之上，可以挣脱平庸日常，纵情天马行空，甚至是变成另一个自己。"真正的屋顶有无限诱惑。"在他心里，屋顶是一个不可侵犯的存在，所有天真浪漫的事情都在屋顶上发生，在屋顶唱歌跳舞、在屋顶游走做梦、在屋顶谈情说爱，这一切都顺理成章。

在观众那里，对北京的喜爱，也与"屋顶"有关。老北平的屋顶具有属于故都的浪漫，绵绵洁白配上黑瓦红墙，放眼望去，琼枝玉叶、粉妆银砌，隐隐透出古城的生机。影片在屋顶上展开故事，的确产生了一种"陌生化"效果。晴天的时候，李天然在屋顶遇到了他的维纳斯关巧红，明晃晃的阳光打下来，关巧红在屋顶之上镀着金边。两人一边治脚，一边治心，友好互助。他们还在钟楼上诉衷情："我要你温的酒温了没？""温了。""酒呢？""喝了。"说出这段对话时，关巧红的眼里落满了星光、斟满了爱意。

姜文就是把所有美好的戏都放在了屋顶上、高空中，只有捧着、托着，不沾烟火，才能显现出这些美好事物的珍贵，属于疲惫生活中的英雄梦想。影片里的每个角色都被赋予了这种梦想，就算生逢乱世、大难临头，也要穿最好的大褂、喝最烈的酒，战争随时爆发，每一天都是世界末日，要见缝插针地及时行乐，这是李天然、关巧红、唐凤仪的任性，也是姜文的任性。

法国学者加斯东·巴什拉曾经指出："回忆，多么奇妙的东西，以柏格森的意义来说，回忆其实并不记录具体的时间绵延。我们无力重新活化已消逝的时间绵延，我们只能沿着抽象的时间序列思考它，而这种抽象的时间已无任何厚度可言。即便最精妙的时间绵延化石样本，具体展现长时间的逆旅居所，唯有通过空间，唯有在空间中才得以发现。潜意识深居其中。回忆无所迁动，它们空间化得越好，就越稳固。"❶

　　古往今来，世界范围内几乎所有城市的天际线随着人类文明的沧海桑田而不断发生变化。城市历史总是蕴含在独具特色的建筑实体与空间格局之中，北京也不例外。北京城中目前尚存的大量旧建筑是古都文化与红色文化给这个城市留下的风韵骨脉，而新建筑的不断涌现则成为历史文化名城力图向现代国际化城市迈进的欲求载体。城市建设再也不可能像奥斯曼重建巴黎一样大刀阔斧地简单推倒重来，天际线上也不能只有摩天楼，缺少个性、缺少灵魂。北京城独有的红砖绿瓦、中轴线的空间布局与规划，与现代、后现代建筑并存。新旧共存，参差有序，是城市原本应有的姿态。

　　从文艺创作的角度来看，城市空间书写再现论始终占据着优势。人们似乎还没有意识到空间书写与新空间的辩证关系，即新空间的涌现也许并不仅仅带来对新空间的书写欲望，相反，人们对旧空间的怀念与回忆，恰恰构成一股相反的艺术潮流。文化怀旧行为使得城市空间书写采取了相反的方式。这看似是京味文学的延续，事实上却是在新空间的不断刺激下出现的怀旧思潮的一种文艺创作上的表达。

---

❶ 加斯东·巴什拉.空间诗学[M].龚卓军，王静慧，译.北京：世界图书出版公司，2017：34.

第五章

全球化空间书写与文化认同

我还喜欢摆弄自己的几个地球仪。把玩地球仪有一种"小小寰球，尽在手中"的踏实感，一球在前，地球全览，地球仪真是个好东西。把地球仪使劲一点，它就开始转动起来，我的手指又一戳，停！就这样，我点了九次，戳停了九个地方。这九个地方在地球仪上显示的是太平洋、澳大利亚、中亚、古巴、巴西、俄罗斯、中非、法国、冰岛。

——邱华栋

第五章　全球化空间书写与文化认同

随着科技进步、经济发展、媒介转型，以及生产模式从原来的福特主义转向后福特主义，人们体会到的更多是时空压缩之感，世界变成了麦克卢汉所谓的"地球村"。城市作为芒福德所说的"人类社会权力和历史文化所形成的一种最大限度的汇聚体"❶，其转型在所难免。就文化思潮而言，后现代主义继现代主义之后成为文化主导，其多元化、戏仿性、颠覆性的文化理念影响到城市景观，风格多样、理念迥异的传统风格建筑与打破传统文化理念、寻求思想解放的建筑形成马赛克式结构，也形成全球化时代多元共生的空间奇观。这种空间生产着进入城市的欲望，生产着新社会关系，也生产着全球化时代的"大城市病"、同质性空间。

空间转向思潮之后，人们对空间的认识不断更新，空间被认为是一种产物，它既非"自在之物"，也非一种主观精神，而是由不同范围的社会进程与人类活动干预形成的。空间反过来可以影响、指引和限定人类在世界上的行为与方式。列斐伏尔、戴维·哈维等人的研究认为，西方的现代性既是一种历史规划，也是一种地理与空间的规划，是对我们栖居于其中的环境，包括我们的身体持续地分解与重组的过程。全球化过程也是西方现代性在世界范围内对空间进行规划的过程。

20 世纪 90 年代以来，全球和地方、新与旧相互影响、相互作用，在一个飞速变化的时期，空间成为重新商议城市的地位和身份的工具。全球化空间的出现是改革开放之后北京城市空间书写的一个非常重要的特点。北京作

---

❶ 刘易斯·芒福德.城市文化［M］.宋俊岭，李翔宁，周鸣浩，译.北京：中国建筑工业出版社，2013：1.

为我国的首都,有着雄厚的政治、经济、文化实力,是当之无愧的现代国际化大都市,拥有便利的交通、繁荣的中心商务区、国际化高校、巨型标志性建筑。这一时期,"到世界去"的欲望与全球化乡愁相互缠绕,东西方文化交融、碰撞,传统与现代汇集。伴随着现代化进程而来的全球空间在文艺作品中冲击着人们的文化心理,提供着这个时代的文化征候。比较有意思的是,在全球空间书写的作品中,"北京"经常会成为中国的指代词。《北京人在纽约》《洋妞在北京》《北京遇上西雅图》《北京纽约》《王城如海》等,都是直接以"北京"指称中国或中国人,而北京自身,也的的确确生产出一些全球性空间,两者交相呼应,传达着北京成为国际性都市的愿景与焦虑。

本章主要围绕上述涉及全球化空间的作品,对全球化背景下北京城市空间转型进行研究。全球化背景下,北京城市空间有了新的坐标系,也产生了部分新的空间,在这些空间里,世界与地方紧密地纠缠在一起,现代主义与后现代主义文化夹杂其中,历时的追求与共时的呈现并存,世界从来没有如此密切地影响着城市空间与空间想象。

一、到世界去的现代想象

从人类认知的角度讲,时间和空间是人类感知世界的两种基本方式。从哲学意义上讲,时间和空间是物质运动的存在方式和基本属性,中西方哲学、科学、艺术不断对时间与空间进行探索与思考。"天圆地方"的空间感是中国古代整体性思维方式影响下产生的一种空间观念。随着时代演进,人们对"世界"的认识不断深化,到近现代之交,中国古代的时空观念受西方殖民扩张、清王朝灭亡所影响,如有的学者所言,中国陷入"天崩地裂"的空间碎片之中,时间上的线性历史观打破了循环历史观,空间观念也在经历裂变。"西方"与"东方"的互相凝视成了后殖民主义话语研究的重要内容。而"冷战"结束后开启的全球化成为"后冷战时代"的主导话语,中国伴随着改革开放的进程也快速进入全球一体化的空间格局之中。"西方"/"世界"被视为后工业时代现代化发展的目标成为第三世界国家民族话语中的重要符码。

(一)"世界":现代化空间想象

改革开放以来,研究城市空间似乎不应该局限于某个城市。全球化时代的来临,使城市空间迅速发生转型,并进入新的空间坐标系中被加以书写与观照。自 20 世纪 90 年代轰动一时的《北京人在纽约》播出以来,同类型电视剧《上海人在东京》《俄罗斯姑娘在哈尔滨》《洋妞在北京》等作品不断出现,中国与其他国家的交流互动成了这一时期文艺作品热衷书写的题材。"到世界去"成了此后一段时期突出的社会现象与文化现象,反映这种现象的文艺作品也非常多。

根据曹桂林的小说改编的电视剧《北京人在纽约》满足了人们对西方空间的想象,同时也促使人们反思改革开放之后的北京城市空间书写。北京城市空间开始进入现代化空间序列中被加以反思。"如果你爱一个人,就送他去纽约,因为那里是天堂。如果你恨一个人,就送他去纽约,因为那里是地狱。"剧中人物阿春在面对男主角王启明要逃避回国的时候,指出:"纽约,既不是天堂,也不是地狱,而是战场。"然而,不管是天堂、地狱,还是战场的想象,事实上都提醒人们,城市空间不再是一个封闭的自足体,而开始成为一种关系性存在。

在创作了《啊,北京》《跑步穿过中关村》《天上人间》《如果大雪封门》等一系列关于北京的小说之后,徐则臣创作了长篇小说《耶路撒冷》,凭借这篇小说,徐则臣获得了茅盾文学奖。小说以巴赫金意义上的"复调"小说的形式,为读者呈现了全球空间中现代青年人的生活状态。"中国的年轻人如今像中子一样,在全世界无规则地快速运动。"[1]

---

[1] 徐则臣. 耶路撒冷[M]. 北京:北京十月文艺出版社,2014:28.

在《耶路撒冷》中,"世界"不只是一种空间形态,还是一种价值观追求及生活状态的写照。在中国现当代文学史中,"进城"叙事一直是乡土文学的重要题材,而现在,这个题材在更大的空间范围内展开。压缩了的时空浓缩在电子媒体移动设备、大众传播,直到人们的思想观念中,因而,小说借老一代人对现代世界的不理解而抒发感慨。"她说的是村子里空了,年轻人都出门打工,到南京、上海、深圳、广州、苏州、宁波和北京。待在家里的都是老弱病残,每天通过电视、电话和手机短信想象远在世界上的亲人。尽管他们和我妈一样,头脑中缺少完整的中国和世界地图,但所有人都接受了这一事实:到世界去。必须到世界去。如果谁家的年轻人整天无所事事地在村头晃荡,他会看见无数的白眼,家人都得跟着为他羞愧。因为世界早已经动起来,'到世界去'已然成了年轻人生活的常态,最没用的男人才守着炕沿儿过日子。"❶

《耶路撒冷》并没有完全将西方国家作为主人公初平阳的理想地。相反,初平阳留学的理想之地是"耶路撒冷"。作者徐则臣强调,在这部小说里,除了信仰,耶路撒冷还寓意着远方、希望、理想和心安之地,从这个意义上说,每个人心里都有一个耶路撒冷。"我知道这个以色列最贫困的大城市事实上并不太平。但对我来说:她更是一个抽象的、有着高度象征意味的精神寓所;这个城市里没有犹太人和阿拉伯人的争斗;穆斯林、基督徒和犹太教徒,以及世俗犹太人、正宗犹太人和超级正宗犹太人,还有东方犹太人和欧洲犹太人,他们对我来说没有区别;甚至没有宗教和派别;有的只是信仰、精神的出路和人之初的心安。"❷ 在初平阳或者作者徐则臣心目中,理想中的留学地是如"耶路撒冷"这样多元化、重精神而非物质富足的空间。

除徐则臣之外,历来以敏锐、善于书写新生事物、20世纪90年代以书写北京城市空间"闯入者"闻名的邱华栋在2018年第6期《中篇小说选刊》

---

❶ 徐则臣. 耶路撒冷[M]. 北京:北京十月文艺出版社,2014:29.
❷ 徐则臣. 耶路撒冷[M]. 北京:北京十月文艺出版社,2014:502-503.

上刊发了一篇创作谈——《地理风情、想象力与小说写作》，文中写道：

> 我喜欢看地图，各种地图。每到一处，一定要找到当地的地图，按图索骥，找到所在的位置，以及要去的地方，然后把地图留存下来。这样就有了很多幅地图。有了地图，就很难迷路。这些年，我搜集了几十种有关地图的书。这些地图能够把我带到很远的地方，带到时间和历史的深处，让我发现、揣摩、想象到一般人很难体会的关于历史地理、时空交错的那种有趣和生动的场景。
>
> 于是，我就想我能写写这些地方的中国人的故事吗？这些地方，我大部分都去过，在这些地方，我碰见了一些有趣的外籍华人或中国人，他们早就拥有了自己独特的故事。我应该可以写写来到这些地方的人的精彩故事。

与此前他的小说敏锐地捕捉都市化进程中的新生事物一样，邱华栋这次想表现的是全球化背景下中国人像原子一样在世界各地生活的故事。地球仪上随便戳几个地方，都可以从中捕捉到中国人的身影的高概率事件，其背后却隐藏着一个故事原型，那就是——"到世界去"。

（二）北京：通往现代化的节点空间

在通往现代化的道路上，北京承担着重要的想象功能。在邱华栋的笔下，20世纪90年代的北京已经呈现出现代化国际都市景观。邱华栋对北京的书写完全没有了昔日京味文学书写的韵味："北京有1个动物园、2个游乐园、4个风景区、108个公园、23座垃圾台、86辆扫尘车、92辆洒水车、417辆粪车、1360辆垃圾车、6954座公共厕所、6947个果皮箱、30122个垃圾桶；北京有7053盏白炽灯、34480盏纳路灯、58071盏汞路灯、257个灯岗、417座自动信号灯、425座手动信号灯、544个巡逻岗、801个交通警岗、6117公里安全示意线、25205套隔离墩、35859面交通标志、129127米护栏，同时北京还有 2 家游泳馆、8 个高尔夫球场、7 家电影制片厂、8 个电视台、9 座棒垒球场、14 家体育馆……"❶ 在京味文学中充满感情的书写在这里被一连串数字所代表的客观性所代替。这种冷漠的情感状态与西美尔对大都市里人们被刺激得日渐麻木的精神状态相一致。

邱华栋对北京的城市书写是敏锐的，正如刘震云在邱华栋的小说《教授的黄昏》序言中所描述的那样："邱华栋的小说便与众不同。别的作家写的是'故'事，他写的是'新'事。从上个世纪 90 年代，他就能把我们刚刚看见的生活，眼前发生的新事，迅速放到他的小说里。当代中国社会变化多端，充满了魔幻和拧巴，真相和虚假，残酷和喜剧；一杯浑水，澄清需要时间，但邱华栋等不得。也许，他要的就是浑浊和新生，新生的东西未必都好啊，这个好与不好的浑浊和新生，也许更加刺激，更加接近真实。这是邱华栋小说的特点。所以我说他是一个前行者，是一个喜欢新鲜和占先的前行者。"❷

无论是徐则臣笔下的边红旗、初平阳、子午、敦煌，还是邱华栋笔下的时装人、公关人、推销人，都将北京作为全球化空间的重要节点。与其他一线城市如上海、广州、深圳相比，北京还保有一份传统文化的温情，并没有完全将这些乡村来的野心家排斥在外，而北京国际交流中心的功能定位，又使得北京具有与西方现代文明接轨的通道。正如《耶路撒冷》中所说的那样，"北京不宜人居，但它宽阔、丰富、包容，可以放得下你所有的怪念头。所以，说'透透气'的时候，我们的谈论对象不是两叶肺，而是大脑"❸。

全球化促成了一套空间类型学，不同的类型取决于不同的导流能力。建筑师们努力地处理这种无边界的空间、"流体空间"，他们的办法是将作为阻流障碍和空间连续性障碍的外壳消解掉，以呈现一种混沌流动岩浆式的世界图景。然而，逐渐浮现的新景象采用的形式最终是气泡和信息技术、经济

---

❶ 邱华栋. 白昼的躁动 [M]. 北京：新世界出版社，2003：138.
❷ 邱华栋. 教授的黄昏 [M]. 桂林：漓江出版社，2015，序言：1.
❸ 徐则臣. 耶路撒冷 [M]. 北京：北京十月文艺出版社，2014：30.

泡沫以及液态现实的容纳空间。❶流体空间正是全球化空间的产物。

现代全球化空间再也找不到老舍小说中北京曾经的乡土文化气息。"亮马河一带是北京新兴的商务区，这一片地区也是十分国际化的第三使馆区，分布了很多的高级酒店和写字楼。日本、美国、印度、德国和韩国的新大使馆已经兴建或者正在这一片兴建，所以人气似乎在迅速地聚集……构成了一个繁忙和繁华的美丽新世界。"❷美丽新世界带来光怪陆离的都市文化景观。但是在心理上，这座城市原来的安稳、静谧也不复存在，"北京就这样，天气稍有点儿风吹草动就乱。眼看着满大街出租跑空车，只要落了五分钟的雨，想打到一辆车比你现造一辆都难，到处都是惊慌逃窜的人，所有车都在摁喇叭。社会心理学的专家们认为，这是因为大城市里的生活缺少安全感"❸。

正如卡尔维诺在《看不见的城市》的前言中所指出的，"《看不见的城市》是从这些不可生活的城市的心中生长出来的一个梦想"。❹有一座内在的城市存在于人们心中，那是在可见的城市之外。北京是否有一个"看不见的城市"？在今天的北京，古城与新城之间，是否可以沟通？

（三）"耶路撒冷"：现代化的另一种方案

"到世界去"的欲望充斥在国家的每个角落，不仅北京，即使是"花街"这样的地方，也不能幸免。《耶路撒冷》描述初平阳回到故乡花街时，从网吧等实体空间的命名都可以看出与世界接轨的野心。城市内部日积月累形成的人文气质如何与世界特色相匹配成为问题。在全球化趋势之下，想成为世界级城市，既要与国际接轨，又要保持自身的特色。城市的变迁不仅表

---

❶ 汪民安，郭晓彦.建筑、空间与哲学［M］.南京：江苏人民出版社，2019：101.
❷ 邱华栋.花儿花［M］.北京：作家出版社，2002：3.
❸ 徐则臣.耶路撒冷［M］.北京：北京十月文艺出版社，2014：112.
❹ 伊塔洛·卡尔维诺.看不见的城市［M］.张密，译.南京：译林出版社，2012，前言：7.

现为宏观空间的转型，同时也象征着个人微观世界的变化，精神信仰的匮乏却越来越成为问题。一种日益变化的自我感/身份感的不断挣扎在中国重新涌现出来。

城市是一个集成电路板，是记忆、欲望和语言符号的混合体。城市是交换的场所，既有商品交换，又有言词、欲望、回忆和思想的交换。初平阳们在记忆、欲望和语言符号中苦苦挣扎，却越来越陷入迷茫。小说将初平阳的留学之地定名为"耶路撒冷"，其深层含义在于寻求除西方现代化模式之外的另一种现代化方案。不过，"耶路撒冷"毕竟是精神向往之所，问题的解决还需要在中国本土寻求答案。

"小群体，尤其是家庭这个传统的社会化场所，在它们为自身的再生产而奋斗的同时如何对待新的全球现实，以及在这样做时如何再生产它们自己的文化形式？"❶跨越代际的、代代相传的知识的稳定性，再也不存在了。子辈将长辈甩在后面，或者是由于在遥远的异国他乡长大的子女返归故里，所有这些情况都使家庭关系变得颇不安定。"代与代之间很容易产生隔膜和分裂，因为距离和时间使人们关于财产、礼仪和具体义务的观念受到威胁。"❷在新的条件下，一种家庭政治使文化再生产的作用深刻地复杂化了。

现代世界是一个互动体系。跨国交往的流动性使民族性、亲缘关系、身份认同等都变得艰难，失去了空间定位、趋于多样化的个体越来越难以融入地方。家庭空间中，即使是最亲密的关系，都使得文化再生产的政治特征越来越突出，空间与场所的分离也使家庭空间变得复杂，共同体已经不是完全建立在地域基础之上。在这种情况下，身份认同是多种因素影响的结果。

在资本主义全球化空间逻辑面前，苏贾提醒人们空间视角引入的必要性。从空间视角可以更加深入揭示社会生活方式变化，以及资本积累的时

---

❶ 汪晖，陈燕谷.文化与公共性［M］.北京：生活·读书·新知三联书店，1998：544.

❷ 汪晖，陈燕谷.文化与公共性［M］.北京：生活·读书·新知三联书店，1998：544.

空性及其变迁，从而也为我们探讨反抗资本逻辑的主体潜力和解放策略打开了新的维度。戴维·哈维从历史地理唯物主义确保了在时间和空间之间的辩证关系，在普遍性与特殊性之间的辩证关系，以及不同时空之间的辩证关系。空间研究提醒我们，对资本逻辑的各种隐性渗透应保持高度的警惕，这是一场有意识地与资本霸权争夺"理性消费"加定义权的漫长且无硝烟的战斗。❶

英国学者多琳·马西同样指出全球化空间以时间的线性发展替代空间的多元化的资本主义本质。"简言之，空间差异被并入了时间序列。不同'地方'被诠释为单一时间发展中的不同阶段。所有的非线性的进程、现代化、开发的故事，以及成系列的生产模式……都进行了这种操作。西欧是'高级的'，世界的另一些地方'某种程度上滞后'，而其他地方则是'落后'的。"❷

借助福柯、列斐伏尔、戴维·哈维等西方马克思主义者的资本批判的空间理论，来反观当前中国的空间观念与空间生产状况，探索一种异质于资本逻辑主导下的"社会主义文化空间"，实际上是当下我们建设有中国特色社会主义的重要维度。从这个意义上来说，一方面西方马克思主义的空间批判理论为我们打开了一扇窗户，另一方面也要观察到中国的特殊性。更进一步说，在资本逻辑所主导的日常生活全面商品化的经济主导逻辑面前，如何激发中国特色、主体潜能，为现代城市开拓一个异质的空间可能性成为当前面临的一大问题。

二、全球空间与阶层流动

21世纪以来，在书写北京的作家中，石一枫是仅有的几个从精神气质上接过了京味文学接力棒的作家之一，他自称用既非北京方言也夹杂着普通

---

❶ 爱德华·W.苏贾.后现代地理学——重申批判社会理论中的空间[M].王文斌,译.北京：商务印书馆,2017.详见前言部分对时间、空间的辩证关系分析.
❷ 多琳·马西.保卫空间[M].王爱松,译.南京：江苏教育出版社,2013：94.

话的口语写作,以"社会问题"小说呈现了当代文学的一个新方向。❶2018年,《世间已无陈金芳》为石一枫赢得了第七届鲁迅文学奖中篇小说奖的殊荣。这部作品的独特之处在于它从"大院"子弟叙述视角讲述了一个"京漂女孩"的奋斗故事,从而区别于众多"京漂"叙事,形成一种叙述声音的互文性。因而,如《石一枫的时空寻绎与艺术表达——从〈世间已无陈金芳〉等五部近作谈开去》❷这篇文章所做的,从历时的文学谱系与小说的时空呈现中梳理石一枫与20世纪80年代现实主义小说的精神关联显得十分必要。但是,石一枫显然并不满足于单纯讲述当代文学中的"进城"叙事,而是通过全球空间图景的后现代多元化呈现,书写了全球化城市空间中阶层流动与价值迷失的难题。因而,这部小说的意义更在于将一个"女版盖茨比"的故事放在了全球化时代的空间图景之下,从空间的视角提供了思考当下城市问题的重要维度。

（一）全球空间图景的后现代再现

在经历了空间理论的转向,空间理论、都市研究的大量译介之后,"空间"开始成为理解社会实践、解释文化现象、解读文学文本的重要视角与维度。空间不再"被当作是死亡的、刻板的、非辩证的和静止的东西",而开始成为"丰富的、多产的、有生命力的、辩证的"。❸空间也不再是人类活动在其中展开的一个空洞的容器,因而,空间既不是如康德所理解的那样是"自在之物",也不是笛卡尔意义上的"主观精神",而是社会生活实践的产物。因而,自空间转向之后,文学文本想象城市的方式与空间的呈现方式也开始成为文学研究的重要维度。

---

❶ 孟繁华.当下中国文学的一个新方向——从石一枫的小说创作看当下文学的新变[J].文学评论,2017（4）:174–186.
❷ 董晓可.石一枫的时空寻绎与艺术表达——从《世间已无陈金芳》等五部近作谈开去[J].小说评论,2019（9）:152.
❸ 爱德华·W.苏贾.后现代地理学——重申批判社会理论中的空间[M].王文斌,译.北京:商务印书馆,2017,前言:6.

如果把石一枫的写作纳入"京味文学"传统中，就可以发现，几代"京味文学"作家为人们呈现了不同时期的北京城市景观。从胡同、四合院到"大院"，再到消费文化崭露头角时的街头自由贸易市场，"京味文学"一直试图绘制着不同时代的城市景观地图。石一枫写作"社会问题"小说的文学观，使他不仅将《世间已无陈金芳》书写成城乡二元结构下的"进城"故事，而且将故事放入更大的全球化背景中，因而，小说详尽地为读者展示了一幅全球化时代后现代式多元城市空间景观与认知绘图。

在石一枫的小说《恋恋北京》中有这样一段北京夜晚景观的描写：北三环沿线的街灯就像盛开的花朵一样闪耀，租金高昂的写字楼还有许多未熄灭的灯，奥运会场馆正在紧锣密鼓地建设中，周围都是高耸入云的吊车。北京的夜晚注定都不会是安逸清闲的，灯火通明的街道、整日忙碌的商业区、紧张建设的奥运场馆，无不体现了北京作为现代化国际大都市的忙碌与繁荣。小说《地球之眼》中上地一带突飞猛进的变化也深刻体现了北京作为现代化国际大都市的繁荣与强盛：不断拓宽的路面，如雨后春笋般地冒出许多奇形怪状的建筑物，越来越多的高科技公司的总部搬来此地……

《世间已无陈金芳》开篇即给读者展示了一幅全球化时代的城市奇观，国家大剧院是新"北京十六景"之一的地标性建筑，巨型的标志性建筑是构成国际化大都市必不可少的一部分。"蛋形建筑物"已经从建筑学上同周围高大、雄伟的传统建筑风格拉开距离，无论是形状、风格，还是颜色，都不再具有传统建筑风格特色。"大会堂西路"的强调更加从地理学的意义上完成了对政治空间的解构功能，里面涌动着的是"清一色的高雅人士"。在这个空间里，出生于以色列的小提琴大师伊扎克·帕尔曼与斯里兰卡钢琴家合作，演奏的是贝多芬和圣桑的奏鸣曲，以及在美国获得格莱美奖的电影音乐。多国元素的符号组合不断提示着地理空间的区隔已经不再是全球化时代文化交流的阻碍。北京城市空间不像是镶嵌在世界城市的版图之中，反而给人一种世界都存在于北京城市空间中的错觉。

在此全球空间图景之中，陈金芳已不再像徐则臣笔下那些边缘人，游走在过街天桥上、奔跑在大街上讨生活,甚至也不像荆永鸣笔下的小生意人,满意于略有起色的小盈利与老北京居民对他的接纳。这个"女版盖茨比"似乎跨越了城市与乡村的鸿沟,一下走到了全世界的面前,柏林、香港等这些全球化时代的节点空间,比之湖南家乡距离她的梦想更近,更触手可及。她欣赏着国际知名艺术家的文艺表演,用纯正的"欧式装逼范儿"尖叫着:"Bravo!Bravo!"她在798艺术区一侧搭建的玻璃棚子里宣称自己已经跟柏林的一个基金会达成了合作意向,准备把中国"有创造性的"艺术家集体打包,她在香港住在"哥哥"张国荣跳楼的那间酒店。最终,连代表具身空间符号的名字,也已经不复使用从前的"陈金芳",而是改成了"陈予倩",陈金芳终于打破城乡二元对立的宿命,自身成为全球化时代后现代多元空间的组成部分与有力证明。

  虽然陈金芳力图摆脱从乡村到城市的人生轨迹,然而,叙事主人公却见证了她的成长历程,于是,陈金芳的成长经历与北京城市空间的转型被勾连在一起。小说以插叙的结构讲述了陈金芳的故事,也带出了北京城市空间结构的变换、新的空间等级秩序的建立。作为社会主义时代城市的标志性建筑,"大院"空间的优越性、自给自足性曾经带给叙事主人公无限的荣光,小说详述了叙事主人公赵小提如何在陈金芳一路跟踪之下,"穿过当时的铁道部大院儿,到长安街的延长线乘上4路公共汽车,经五棵松到达西翠路,下车后再往南步行十分钟,就能看见从小居住的那个家属院了"[1]。空间并不是中性的物质存在,列斐伏尔认为,空间具有意识形态性。空间以其区隔性,将不同阶层的人限制在不同的空间之中,"大院"空间在整个城市中处于较高层次地位。当然,在"大院"空间里,也存在等级的差别,叙事主人公赵小提就生活在红砖楼房之中,而陈金芳只能生活在"大院"里的平房之中。

  然而,这样的空间等级秩序在20世纪90年代之后快速地发生了变化,

---

[1] 石一枫. 世间已无陈金芳[M]. 北京:北京十月文艺出版社,2016:10.

政治主导的城市空间渐渐演变成政治与经济双重主导的空间。"大院"慢慢失去了吸引力,那些"上档次"的地方,变成"民族饭店",变成"崇文门外久负盛名的马克西姆餐厅",是赵小提妻子茉莉上班所在地的"国贸"。"大院"的荣光逐渐被这些与国际贸易、休闲娱乐、对外窗口相关的建筑空间所超越乃至取代。与此同时,资本的吸纳能力、长期以来形成的城乡二元结构中对城市生活的向往,使北京吸纳了越来越多的资源、人才进入其中,或聚集在北京城市空间的边缘地带形成"城乡接合部",或在城市空间的夹缝间求生存。

《世间已无陈金芳》既有空间的历时性演变,又有共时性呈现,多方位、多层次、立体式展示了北京城市空间的认知绘图。于是,在小说中,我们不仅看到"大院"、人民大会堂等为代表的政治主导型空间,也领略了全球化时代多元空间的后现代展现,如同北京作家宁肯所言:"北京的新潮建筑至少在'超想象'上继承了北京的传统,如果说以前的'巨大'有着严整性、确定性,如故宫、历史博物馆、人民大会堂,那么以'鸟巢''巨蛋''大裤衩'为代表的新兴建筑又增加了北京的不确定性、不可把握性、怪诞性,它们昭示了北京不仅是中国的,也是世界的,甚至是世界之外的。对,世界之外。我不知这些新的不确定性的巨大建筑再加上古老的确定性的建筑,对后世北京人有何种影响,反正北京越来越复杂,越来越不可把握,越来越怪诞、立体却不透明。如果把北京比作一面历史与现代甚至后现代的镜子,那么在这面镜子中,我越来越看不清自己。"❶

(二)空间转型中人物关系的不等式

小说的空间呈现最终探讨的是空间转型中主体的存在与空间正义问题。《世间已无陈金芳》中空间书写所力图探讨的"社会问题"涉及"进入都市的权力""全球空间与地方""空间权力与正义"等关于空间的问题,而陈金

---

❶ 宁肯.北京:城与年[M].北京:北京十月文艺出版社,2017:6.

芳这一人物形象的塑造也是在不同空间中进行的。小说中陈金芳的经历基本上可以分为三个阶段："大院"里的投奔生活、混"圈"子的投靠生活、文化产业圈的投机生活。颇值得玩味的是，在这三种空间中的任何一种空间中，呈现出的都是一种人物关系的不等式。

小说对陈金芳"进城"的叙事是从学生时代讲起，这一点迥异于当代文学史上的其他"进城"叙事。例如，《人生》中的高加林、《平凡的世界》中的孙少平，都是靠自己的奋斗进入城市，虽然最终结果并非如其所愿，但是"进城"的愿望与目标具有合理性因素，毕竟长久以来的城乡二元对立、政策上对城市的保护与倾斜，使得"城市"成为无数乡村人的梦想之地。

但是，陈金芳的"进城"却是"投奔"亲戚而来，因而，陈金芳进入北京城市空间本身就存在着某种非合理性因素。叙事主人公赵小提住的是"红砖板楼"，而陈金芳住的却是"后勤系统雇用临时工"的"平房"；陈金芳的重视打扮在同学们心中被视为"爱慕虚荣"，其原因在于"对于一个天生被视为低人一等的人，我们可以接受她的任何毛病，但就是不能接受她妄图变得和自己一样"❶。小说用戏谑的笔法写到陈金芳的妈妈"患有股骨头坏死，走路画圈儿"，表哥长着"梨形脑袋"，表嫂"有轻度痴呆的症状，爱流口水"。这些亲戚中的聪明者如舅舅，"曾经雄心壮志地企图挺进代订火车票市场"，却被"一伙安徽人"揍了一顿。这段反衬式描述突出了城市空间的排他性与留在城市的艰难性。

在"大院"空间中，叙事主人公"我"与陈金芳的关系建立在小提琴上，"她会在晚上八点钟左右出现在我窗前的树下，我在拿起小提琴试音之前，也会望一望外面有没有那个痴痴愣愣的人影"❷。这样，"我"与陈金芳形成了"演奏者"与"听众"的身份与关系定位，其中暗含着"被仰慕者"与"仰慕者"的关系。在此，小提琴逐渐演变成一个符号，在叙事主人公

---

❶ 石一枫. 世间已无陈金芳［M］. 北京：北京十月文艺出版社，2016：16-17.
❷ 石一枫. 世间已无陈金芳［M］. 北京：北京十月文艺出版社，2016：17.

"我"那里，小提琴代表着他童年时代"大院"所赋予他的优越岁月。随着消费文化时代的到来，"大院"空间连同那段经历也造成了他的童年创伤，小提琴成了"我"不愿触碰的伤疤。于是，"我"与陈金芳之间除了"仰慕"的关系不等式之外，还形成了某种隐秘关系，陈金芳了解"我"曾经的辉煌，所以更了解"我"现在的落魄与失意，而"我"了解陈金芳的乡村背景，也比其他人更能理解陈金芳的执着与不甘。小提琴或音乐在陈金芳那里逐渐演变成象征成功、被接纳、城市身份认同的符号，在陈金芳的生命中一再出现，也成为她追求的目标。无论是做小生意时拿走所有钱去买钢琴而被毒打，还是在国家大剧院里欣赏国际著名小提琴家的表演，都带有寻求身份认同的因素，甚至在"我"放弃了小提琴之后，陈金芳仍然没有放弃对理想的追求。只不过，"演奏者"与"听众"的身份定位已经埋下了悲剧的种子，这种人物关系不等式一直延续在陈金芳的经历中。

空间的区隔性与排他性总是以排斥身体为表现形式。在最基本的意义上，"进城"的首要条件也是身体进入城市空间。空间争夺战也表现在对身体的规训与惩罚上，虽然这种规训并非完全来自异己力量。陈金芳是姐姐用擀面杖打在了天灵盖上并发生了流血事件才勉强留在北京，更明显的例子是陈金芳的舅舅也是"被一伙安徽人揍了一顿，连裤子都扒了，寒冬腊月里只穿一条秋裤，满脸是血地蜷在马路牙子上哆嗦"❶。但是，正如阿甘本所分析的，身体"是两面性的存在物，既负载着对最高权力的屈从，又负载着个体的自由"❷。所以，在社会空间向消费空间转型的过程中，陈金芳以身体为资本作为交换，换来了留在北京的机会和可能。

但是留在北京并不代表陈金芳与其他北京人一样具有合法地位与城市身份，当她用所有的家当试图去寻找身份认同——与城里人一样追求象征身份的钢琴梦想时——她接受的惩罚也是肉体/身体上的折磨："阳光滑过

---

❶ 石一枫.世间已无陈金芳[M].北京：北京十月文艺出版社，2016：14.
❷ 汪民安.生产（第二辑）[M].桂林：广西师范大学出版社，2005：222.

红字照在她脸上，仿佛流得一头一脸都是血。而她脸上确实附着着许多汁液，大概是眼泪、鼻涕和口水混合而成的。陈金芳捂着她的腰，大口地喘气，旁边的豁子却揪起她的头发，令她像某种水鸟一样伸着脖子仰面朝天，同时用脚狠狠地踩向她的小腹与胯骨，发出了'噗噗'的声音，很像在踩一只暖水袋。……陈金芳始终是一言不发的，她只是尖叫，嗷一声，又嗷一声。我突然想起来，过去遭到班上同学欺负时，她也是这个反应。她就像个一捏就响的橡胶娃娃，当疼痛转瞬即逝，她便会归于平静。"❶对身体的规训与惩罚，以一种非常原始的方式，当然也是很有效的一种方式进行。但是此时，陈金芳的权利与身份在这里得不到庇护，身体/肉体此时却似乎与精神分离开来，回归到单纯的生物性存在，进入阿甘本所说的"赤裸生命"的状态。身体对空间的渴求与空间对身体的排斥以一种最原始的方式进行着争夺战。

　　社会变迁、空间转型与人物之间的同型同构关系在这里得到印证。叙事主人公"我"在陈金芳那里寻求安慰，在很多时候对陈金芳带着怜悯与惋惜的情感，又有些惺惺相惜之感。但是，这种感情也只能是一种"诡异的存在"，不可能有任何结果，反而是叙事主人公与殴打她的豁子两个人迅速达成和解。豁子对陈金芳的评价："没见识、上不了台面儿，脑子也笨，甚至还不讲卫生。"❷这是城市居民对乡下人的普遍看法，透露着对乡下人的歧视与偏见。不过，随着社会变迁，豁子那代顽主的时代也过去了，"他在追溯自己当年是如何挥斥方遒时，透出一种滑稽的英雄迟暮的气息。随着生活越发光怪陆离，那一代'顽主'的好日子终于过去了"。❸

　　全球化时代来临，新的全球流动空间开始出现。曼纽尔·卡斯特尔

---

❶ 石一枫.世间已无陈金芳[M].北京：北京十月文艺出版社，2016：29.
❷ 石一枫.世间已无陈金芳[M].北京：北京十月文艺出版社，2016：36.
❸ 石一枫.世间已无陈金芳[M].北京：北京十月文艺出版社，2016：36.

（Manuel Castells）指出："空间隔离是工业化城市的一个旧有特征。"❶ 随着信息技术与交通系统的便利，出现了一些都市化城市，大的都市如同节点，连接成网络型结构。如果说麦克卢汉预言的"地球村"终变现实的话，戴维·哈维则从政治经济学的角度指出，支配空间的优势在阶级斗争中甚至成了更为重要的武器。在这样的全球流动空间中，像北京、上海这样的大都市也成为全球城市网络中的节点，大量的资本、资源被裹挟着参与国际经济运行与流通。

如前所述，《世间已无陈金芳》以大量笔墨描写了在全球化空间中，陈金芳如何风生水起、如鱼得水一样做着文化产业的生意。全球化时代空间阻碍似乎已经不复存在，空间对于陈金芳也不再成为问题。但这不过是短暂的错觉。全球化时代的陈金芳原本以为可以脱离地方性空间而获得在城市安身立命的资本时，却以一种更加不可分割的联系与她试图挣脱的农村纠缠在一起——她以非法集资的方式，再一次将自己的命运与农村牢牢地拴在一起。所以，在文化产业圈的投机生涯中，用小说中 B 哥的话说，"别人拿出来的都是闲钱，只有她，很可能把什么都压上了……还是那句话，我们这样的买卖，本来就不是她能玩儿的"❷。在这组人物关系式中，一切荣光与繁华都是假象，她仍然没有与其他人相抗衡的资本。陈金芳最终被警方带走，与这座城市做了最后的"告别"。

（三）空间转型与社会阶层流动

从某种意义上来说，石一枫虽然书写的是北京城市空间，但是北京这座城市的特殊性早就被石一枫洞察到，"当然，还有一些城市本来就是特殊的，像北京和上海，全国人民都在盯着他们看，这里的日常生活就是中国人日常生活的聚焦点。所以在北京或者上海的作家，天生占有更多文学资源。

---

❶ 汪民安，陈永国，马海良.城市文化读本［M］.北京：北京大学出版社，2008：355.

❷ 石一枫.世间已无陈金芳［M］.北京：北京十月文艺出版社，2016：88.

不过，先天上的优势往往也意味着先天上的难度。所有人都看得见北京，更多的人了解北京"❶。因此，"北京"空间书写具有了典型意义，即《世间已无陈金芳》这部小说可以视为作者对中国城市空间的思考。

如果将《世间已无陈金芳》放入整个中国当代文学史，并注意到作者石一枫把它和美国作家菲茨杰拉德的《了不起的盖茨比》作类比的言论，那么它的象征意味还是十分明显的，即该小说从根本的意义上宣告了"进城梦"的破灭。无论是在社会主义文化占据主导地位的时期，还是在消费文化与全球化占据主导地位的时期，无论陈金芳如何努力在北京城市空间中打拼，最终都无法摆脱被城市驱逐的命运。这种情况在全球化语境下不仅没有解决，反而以一种更加魔幻、更加匪夷所思的方式再次出场。以小说反映"社会问题"是石一枫写作的最终追求，那么这部小说所力图探讨的社会问题可以总结为：空间转型与社会阶层流动问题。

萨斯基娅·萨森在其著作《全球城市》中认为，"全球城市"具有三大特征：实现城市形态从工业化向后工业化的转型，在世界上占据国际经济文化活动制高点，能够影响和改变世界市场运作。如果说跨国公司从资本生产过程中发挥组织作用，而全球城市则从空间上发挥组织作用，成为全球化经济在空间上的代表。可以说，全球城市既是无地方性空间的集中生产之地，也是消费文化空前发达的辐射之源。❷ 全球城市的无地方性空间表面上形成卡斯特意义上的"流动空间"，在这种空间里，"没有中心性，只有节点性"。❸ 但是这些"节点空间"正在形成新的中心，世界形成无数"都市地区"，其中空间可以无计划扩展。充满悖论的是，在看似由技术、信息、电子网络构成的"流动空间"可以打破工业社会的空间区隔性与阶层壁垒，但

---

❶ 石一枫.文学和城市之间[J].粤港澳大湾区文学评论，2021（5）：115.

❷ 包亚明.现代性与都市文化理论[M].上海：上海社会科学院出版社，2008：302.

❸ 汪民安，陈永国，马海良.城市文化读本[M].北京：北京大学出版社，2008：351.

资本的流动性与逐利性却形成了新的空间等级与空间格局。

不过，卡斯特尔也看到信息时代"流动空间"中全球空间与地方空间的辩证关系。地方性空间虽然依然存在，但是流动空间正在抹杀地方空间的独特性，消费文化成为流动空间中的主导文化。"事实上，它的意义恰恰就是跨文化、跨历史地证实无地方性，就像在基于因特网的超文本构成的马赛克，或者在集体的、后现代性建筑的杂乱无章的形式混杂中一样。"❶ 而戴维·哈维很早就指出了资本主义空间的特征："空间障碍越不重要，资本对空间内部场所的多样性就越敏感，对各个场所以不同的方式吸引资本的刺激就越大。结果就是造成了一个高度一体化的全球资本流动的空间经济内部的分裂、不稳定、短暂而不平衡的发展。"❷

全球资本流动空间中的节点空间/都市地区，就像一个个巨大的旋涡，吸引着资本、底层投身其中，也无情地将它们甩出资本的游戏场。石一枫的《世间已无陈金芳》为读者提供了全球化背景下北京城市空间景观与城乡二元对立结构下的"京漂"叙事/"进城"叙事。他不止一次强调北京城市空间的流动性和幻灭性："春节假期结束，北京重新热闹了起来，一些朋友过完年就突然消失了，把以前的债主与'情儿'们坑得叫苦不迭，另一些人则像闷热天气的蘑菇一样冒了出来，精神百倍地四处蹚路子。"❸ 叙事主人公在小说结尾不由感慨："这座城里，我看到无数豪杰归于落寞，也看到无数作女变成怨妇。我看到美梦惊醒，也看到青春老去。人们焕发出来的能量无穷无尽，在半空中盘旋，合奏成周而复始的乐章。"❹

借助《世间已无陈金芳》这部小说，石一枫将"人"与"城"的关系再一次提出来，全球化对中国的城乡结构、空间布局造成了哪些变化，又有

---

❶ 汪民安，陈永国，马海良. 城市文化读本［M］. 北京：北京大学出版社，2008：360.
❷ 戴维·哈维. 后现代的状况：对文化变迁之缘起的探究［M］. 阎嘉，译. 北京：商务印书馆，2015：370.
❸ 石一枫. 世间已无陈金芳［M］. 北京：北京十月文艺出版社，2016：62.
❹ 石一枫. 世间已无陈金芳［M］. 北京：北京十月文艺出版社，2016：96.

哪些没有变化的地方，是否有其他可能性？需要强调的是，在日益全球化的今天，回归地方已非易事，城市化进程在生产出新的城市空间结构与城乡空间结构的同时，也生产着"大城市病"与文化乡愁。如何提供不同于资本主义的空间格局，在城市、乡村、全球、地方、资本、市场之间去发现与重新建构新的关系式，这是时代赋予的难题，也是时代的命题，等待人们去解决。

三、全球化空间与文化乡愁

英国学者多琳·马西对全球化空间提出质疑，指出它不过是资本主义国家将空间时间化的一种伎俩：将地理转化为历史，将空间转化为时间，从而将空间还原成时间不同时刻呈现，否定了多元轨迹的可能性。❶ 在全球化空间格局中，世界与地方的关系、城市发展的道路与方向，开始成为作家们在小说中力图反映的问题与反思的对象。与上海、深圳、广州等城市不同的是，北京这座城市从根本上承载着国家的文化形象、国际形象，从而从根本上成为连接全国与地方、国家与世界、过去与未来的坐标中心。包亚明在为"都市与文化译丛"写的序言中早就指出"都市研究"的重要性，已经主要不在于全球范围内都市人口的急速膨胀，或者都市化过程的深度与广度，而在于城市已经成为全球化矛盾的焦点，成为都市问题与更为隐蔽的文化问题的结合场所。他还明确指出，全球化已经不再是一个单纯的经济、政治或社会学问题，它同时也是一个文化认同问题。❷

（一）"归来者"的沉溺式书写

与其他"70后"作家不同，冯唐一进入文坛就以其强烈的个性化风格

---

❶ 多琳·马西.保卫空间[M].王爱松，译.南京：江苏教育出版社，2013：8.
❷ 迪尔.后现代都市状况[M].李小科，等译.上海：上海教育出版社，2004，译丛总序：1.

与欲望式书写吸引了诸多目光。《十八岁给我一个姑娘》《万物生长》《北京，北京》组成了冯唐的"北京三部曲"，它们从三个断面构成了一个男人松散的成长过程。"北京三部曲"以男主人公秋水的经历为主线，向读者展示了青年的生理欲望与心理成长，赤裸裸地将充盈着荷尔蒙的性欲心理展现在人们面前。冯唐的"北京三部曲"值得沉思的地方有两点：一是冯唐的医科博士的经历和海外"归来者"身份，使其北京书写带有时空的全景式书写的特点；二是冯唐的"北京三部曲"将人物的成长与北京城市空间的变迁紧密结合在一起。

冯唐在谈到自己的生活经历时曾经提到，他三十岁之前几乎没有离开过北京，而三十岁之后几乎都是在不断飞行中度过，再没有长时间居住于何处。❶当旅居海外多年的冯唐重新回到北京时，"归来者"身份使他获得了一种时空上的全景式带有纵深感的城市体验。因而，不像徐则臣等作家在书写北京时总以故乡、城乡作为思考的对象与人生的底色，冯唐的北京书写带着青春文学的恣肆、知识青年的优越、思想解放的放纵以及国际视野的开阔，当然，他也毫不掩饰他对北京的热爱："作为北京土著，我热爱北京，热爱得毫无道理，热爱得鼻涕眼泪。"❷

在冯唐的笔下，个体的成长与北京城市空间的巨大变迁构成一种同构关系。青春期的发育、性意识的萌发、生理上的"肿胀"，既是主人公秋水的成长经历与体验，也很难说作者对城市不是同样的感受。秋水童年生活在"垂杨柳"这个聚集了北京重工业、浓烟滚滚的地方，这个有让人皮肤红肿的杨树、有叶子枯黄和枝条凌乱的柳树的地方，渐渐"发育"成中央商务区，杨树、柳树被饭店、写字楼等现代城市空间所取代，街道也由原来的小商贩幻化成为商业白领和小姐们的身影。"垂杨柳"既是秋水的容身之所，也是他精神成长的空间所在。"垂杨柳"见证了他的初恋，给他提供了疗伤

---

❶ 冯唐.三十六大［M］.杭州：浙江文艺出版社，2012：20.
❷ 冯唐.猪和蝴蝶［M］.北京：作家出版社，2005：107.

的地方，主人公对"垂杨柳"的描述，带着成长的记忆与深厚的感情。"垂杨柳"现代变迁的完成，也是主人公由成长到成熟的过程。

北京城市空间的"发育"表现在北京开始出现二环、三环，后海的大杂院建起了各种各样的棚子，年代久远的住宅里生长出崭新的建筑，十几年间发展成东直门内簋街和三里屯酒吧街，远郊的农田开始长出别墅和楼房。北京城市空间的生长与重组，旧貌新颜转换之际，少年秋水目睹胡同、大杂院、平房开始消失，渐渐"有点洋洋自得的资本主义新城镇的气息了"。王府井、三里屯、工体、长城饭店、希尔顿酒店等现代建筑林立。杨树上让人厌恶的虫子"像恶霸一样横行乡里"，柳树"仿佛没睡醒的大妈蓬了头发出来"，树上长着的密密麻麻的绿肉虫，当年这些曾经让人产生极度不适的场景在现代大都市中再也难以寻觅，成年秋水再次回望这里的时候，竟然莫名对"垂杨柳"产生了好感与怀念之情。

也许，正是冯唐的"归来者"身份，让他能从开阔的视野与长时间段中去发现北京城市空间的变化。当老北京被现代都市所替代的时候，冯唐沉溺在对老北京/青年时期的回忆中不能自拔。不过，这也带来了冯唐北京城市空间叙事的另一个特点，就是无限的延宕与拖沓。在《万物生长》后记中，冯唐自己坦承："简单地说，这部小说是个失败……本来想写出一个过程，但是只写出一种状态。本来想写出一个故事，但是只写出一段生活。"❶于是读者可以发现，冯唐从情感和叙事上都沉溺于一种感觉不能自拔。

冯唐的小说带着强烈的消费文化印记，娱乐、狂欢、戏谑，带着北京"土著"的地域优越感，在行文中深化成流畅却又时时流露出粗鄙的文字。

（二）"归来者"的反思式书写

与冯唐的沉溺式书写不同，徐则臣在小说中描述"归来者"时，字里行间充满着对全球化时代的反思。从空间视域来看，徐则臣的小说始终充满

---

❶ 冯唐.万物生长［M］.天津：天津人民出版社，2012：226.

着空间张力。乡村与都市、故乡与他乡、"到世界去"与返乡，始终在徐则臣的小说中作为矛盾双方出现。不过，总体而言，徐则臣在2016年前所写的小说，大多是"到世界去"的欲望占据上风。无论是《跑步穿过中关村》中的敦煌，还是《啊，北京》中的边红旗，《天上人间》中的子午，都将北京作为实现梦想之所，甘心将青春与生命付诸大城市，即使偶尔返乡也是被逼无奈。不过，从《耶路撒冷》开始，到《王城如海》，徐则臣在写作过程中有一个突出的转变，便是开始书写主人公的"返乡"行为。《耶路撒冷》虽然从表面上看是初平阳在留学之前回故乡处理家务，但从根本上来说，却完成了身心的"返乡"之旅。这种行为到《王城如海》中变得更加直接，主人公余松坡本身就是一个从乡村奋斗到北京，又从北京奋斗到美国，功成名就后终又返回北京的一个"海归"。可以非常清晰地看出，这两部作品无论是对北京的想象，还是对故乡的描述，一个明显的特征是将故事和人物纳入全球化视野之中加以观照。在《王城如海》中，徐则臣想以北京这座城市为主人公写一部小说，跟过去写的一系列关于北京的中短篇小说不同，"这次要写高级知识分子，手里攥着博士学位的；过去小说里的人物多是从事非法职业的边缘人，这回要让他们高大上，出入一下主流的名利场；之前的人物都是在国内流窜，从中国看中国，现在让他们出口转内销，沾点'洋鬼子'和'假洋鬼子'气，从世界看中国；过去的北京只是中国的北京，这一次，北京将是全球化的、世界坐标里的北京"❶。

在《王城如海》的叙述中，浓烈到爆表的雾霾作为都市景观得以浓墨表现："雾霾像灰色的羊毛在北京上空摊了厚厚的一层"，"在芝麻糊一样的雾霾里"，"北京的雾霾当然拔得头筹，味道醇厚，堪比老汤"……诸如此类的比喻性描述贯穿小说始终，一场持续一周时间的浓重雾霾既构成故事展开的现实场景，又成为"王城"的都市景观。但在叙述展开中，雾霾不唯作为都市表象得以渲染，更重要的是——它还作为心理象征得以表述。

---

❶ 徐则臣.王城如海［M］.北京：北京十月文艺出版社，2016，后记.

徐则臣有意在都市雾霾与人物心理之间搭建某种意义关联，以转喻修辞的造设，将物理性雾霾的呈示转向心理性创伤揭示。因此，对余松坡"怪病"的探究，成为小说叙述造设的基本悬念。"雾霾进了爸爸的骨头里"——余松坡对儿子的这句反复提及的话语，四岁半的儿子自然无法意会；当然，他也并不指望儿子理解，他其实是在喃喃自语，内心压力因触景生情而自然流露。"雾霾"进到了"骨头里"，实际是进到了他内心深处；"雾霾"就在他内心，是他经历中一桩挥之不去的往事：多年前，在乡村，为使他跳出"农门"，他父亲与村长合谋"检举揭发"他的堂兄弟余佳山，后者因此深陷大牢15年；尽管余松坡另行选择了自我奋斗之路，但这桩往事，尤其是堂兄弟余佳山的受难遭灾，就此成为他根深蒂固的"心病"。乡村伦理与现实功利之间的紧张冲突，构成这桩陈年旧事的叙述张力。余松坡时常复发的"梦游症"，兼具"歇斯底里"症状，即源于其精神深处的"心病"。"心病"来自从乡村到都市的成长经历，成长伴随着创伤，一如余松坡令人羡慕的成功背后包藏着令人羞耻的秘密。

　　雾霾无疑是现代性后果之一，列斐伏尔曾经指出在空间的价值被发掘出来之后，自然资源如空间、水质等也成了稀缺的资源。小说将疯疯癫癫的余佳山安排在北京立交桥上用塑料袋出售干净空气的行为是小说的神来之笔。全球化时代过度追求现代化的生态恶化的后果要承担，解决的办法也许只有寻觅到一条新的道路才行。

　　全球化时代世界与地方的空间矛盾，在个人心理结构上表现为"到世界去"的欲望与"乡愁"的文化情结的矛盾。小说中，余松坡生有一种怪病，治愈这个怪病的办法，竟然是一首中国民乐经典之作《二泉映月》，当然值得一提的是，这个乐曲是用西方的播放机播放出来的。余松坡与记者交谈中比较分析了作为大都市的北京与巴黎、伦敦、纽约等的差异，在他看来，巴黎等大都市"进入了稳定、饱和、自足的城市形态"，"作为国际化大都市，它们超级稳定"，"你可以把这些城市从版图中抠出来单独打量，这些城市的特性不会因为脱离周边更广阔的土地而有多大的改变"，而北京——

"你无法把北京从一个乡土中国的版图中抠出来独立考察,北京是个被更广大的乡村和野地包围着的北京,尽管现在中国的城市化像打了鸡血一路狂奔。城市化远未完成,中国距离一个真正的现代国家也还有相当长的一段路要走。一个真实的北京,不管它如何繁华富丽,路有多宽,楼有多高,地铁有多快,交通有多堵,奢侈品名牌店有多密集,有钱人生活有多风光,这些都只是浮华的那一部分,还有一个更深广的、沉默地运行着的部分,那才是这个城市的基座。一个乡土的基座。"❶

对于"70后"作家徐则臣来说,"空间"是理解这一代人的一把钥匙。从这代作家身上,可以深切地感受到路遥小说《平凡的世界》中孙少平所面对的进城诱惑,而在进城之后,却又面临着"进不去的城市"和"回不去的乡村"的尴尬与矛盾。同时,这代人还背负着全球化时代时空压缩与地球村的结果。因而,"空间"成了这代人始终需要面对的一个关键词。与此相应地,文化与身份认同成为这代人身上背负的重要悖论。小说主人公不得不纠结于城市、乡村、世界这组地理空间的同时,在行动上则表现为"回忆"。小说《耶路撒冷》中作家借初平阳之口强调这代人"这么早就开始回忆了"。在"回忆俱乐部"里,人们涉及的词汇是"过去;历史;童年;乡村;乡土;民生;生命;城市化;生存压力;政治;改革;理想主义;我们这一代"。❷这些关键词成为理解当代北京城市书写的重点。如同作者一再强调:"不过,我也听到了弦外之音,那就是在怀旧与审美时,精神中隐匿着一种无力感;怀旧在一群而立的青年身上呈现出了颓废的美……我依然感到了声音、情绪和面孔背后的虚弱、乏力和心有不甘。"❸

徐则臣的小说向来以书写边缘人物见长,无论是《跑步穿过中关村》,还是《天上人间》《啊,北京》等作品,都是以边缘人物为主人公,直到《耶路撒冷》和《王城如海》,他才以知识分子初平阳和余松坡作为小说主人

---

❶ 徐则臣.王城如海[M].北京:北京十月文艺出版社,2016:66.
❷ 徐则臣.耶路撒冷[M].北京:北京十月文艺出版社,2014:108.
❸ 徐则臣.耶路撒冷[M].北京:北京十月文艺出版社,2014:108.

公进行书写。尤其是《王城如海》中的余松坡，面临着更加严重的思想危机。在小说中，他对"蚁族"的看法与矛盾显示了全球化背景下北京的城市问题与知识分子的思想困境。北京因为集中了太多的矛盾与问题，因而，如同小说将之比喻为"海"的寓言一样，博大壮阔却也危机四伏，为人类提供丰富资源却也会在瞬间吞噬人类。

第六章
赛博空间书写与文化景观

赛博文化创造的技术化世界之新,带来的生存和死亡方式之多,超越了现有的一切哲学理念,突破了政治哲学、国际哲学、人类的狭义想象哲学、文学和电影中包含的哲学的范畴,更超出了与动画制作、自动机器、机器人、动物机器人等相关的新兴哲学理念。

——[英]约翰·阿米蒂奇

乔安妮·罗伯茨

第六章　赛博空间书写与文化景观

随着数字网络技术的发展，市民日常生活实践越来越多地与不断涌现的新媒体传播技术、地理媒介技术、媒体建筑空间发生关联，城市生活方式、生产关系日新月异的发展催促文艺创作关注日常生活实践。不过，值得注意的是，威廉·吉布森在1984年发表小说《神经漫游者》所创造的"赛博空间"这一概念虽然已经开始广为流传，但是很多时候，"赛博空间"都被视为与实在的社会生活相平行的虚拟空间，更多时候则成为科幻小说与科幻电视中的都市奇观。与这些内容相比，城市日常空间因信息化、网络化而发生各种时空变迁，如地理媒介日渐渗透到人们的日常生活，智慧城市的城市发展理念以及城市居民的生活方式、交往方式发生的变化，对在这些方面的城市空间书写远远滞后于现实空间的发展，仅有的一些作品也因各种各样的原因没有被充分发掘与重视。本章主要思考城市的数字化/赛博化在文学影视作品中的表现，以及思考城市空间赛博化带来的文化转型与人们的接受情况。

一、城市空间与媒介景观

戴维·哈维在《作为关键词的空间》一文中，将空间分为"物质空间""对空间的表现""表现的空间"三类，分别对应"感官的""知觉的""象征的"空间感知系统。❶ 对空间的体认，建立在物理属性的基础上，又衍生出文化符号意义及象征意义。凯文·林奇指出，城市如同建筑，是一种空间

---

❶ 戴维·哈维. 作为关键词的空间[J]. 外国美学，2014（1）：141.

的结构，只是尺度更巨大，需要用更长的时间去感知。❶他把城市中的意象分为道路、边界、区域、节点和标志物五种元素。❷这些元素形构着城市空间意象，构筑着城市空间的坐标与地图，特定空间的影像呈现又在某种程度上强化着城市景观与城市文化——不难想象电影中空镜头划过胡同、四合院、天安门广场与黄浦江、东方明珠给观众带来了如何迥异的观影体验。

然而，随着信息化时代到来，凯文·林奇对空间意象的概括正在经受着挑战，或者说，空间意象正在经历系统化位移——所谓系统化位移，是指空间意象从整体上颠覆了原来的空间认知与意象系统，并导致其含义、作用与功能发生了系统的变化。智慧城市概念的提出，移动网络对地理空间的覆盖，移动终端的普及，使得传统的空间意象——道路、边界、区域、节点、标志物等正在由现实物理空间向现实—虚拟混杂的赛博化城市空间过渡。这是信息时代城市空间的新表现，是新媒介与城市空间耦合的产物。

街道在城市空间中的作用在不同的理论家那里得到充分重视。本雅明笔下的游荡者是在拱廊街这种极具现代性的城市空间中游走，来感知现代性都市带给人们的心灵冲击。在凯文·林奇那里，道路是城市意象中的主导元素。人们在道路上移动的同时，观察着城市，其他的环境元素也是沿着道路展开布局。汪民安指出："街道，正是城市的寄生物，它寄寓在城市的腹中，但也养育和激活了城市。巨大的城市机器，正是因为街道而变成了一个有机体，一个具有活力和生命的有机体。"❸

城市影像也极为重视街道，将之作为推动故事、塑造人物、矛盾冲突的空间场域。电影《十七岁的单车》是快递业处于发展萌芽期的一部影片，讲述了两个青少年围绕一辆自行车引发的故事。其中街道是影片表现的重要空间：无论是山村来的邮递员小贵送邮件过程中的奔跑，还是北京"土著"

---

❶ 凯文·林奇.城市意象［M］.方益萍，何晓军，译.北京：华夏出版社，2017：1.
❷ 凯文·林奇.城市意象［M］.方益萍，何晓军，译.北京：华夏出版社，2017：35.
❸ 汪民安.街道的面孔［A］//蒋原伦.溢出的都市.桂林：广西师范大学出版社，2004：63.

小坚青春期爱情故事,都将道路(包括胡同与大街)作为故事发生的背景;《有话好好说》的故事也是因为发生在街头的一起事故引起。比较有意思的是,两部电影都暗示了城市空间赛博化初期的情形。《十七岁的单车》中的小坚可谓最早一代快递小哥的影像形象,信息化时代逐渐风靡的网购使快递小哥成为城市重要群体,也改变了作为客体的街道空间与作为主体的赛博身体之间的关系。

赛博化城市空间中,无论是道路还是标志物,都不再是客体化的呈现,所有空间都经历了媒介化过程,构成现实—虚拟化空间。道路不再是纯然的物理空间,它从立体的城市空间转移到 GPS 定位系统、电子地图上,即使对某条道路没有清晰的概念,或初次到一个地方,也不用紧张,导航系统会指引你直达目的地。城市标志物也因为媒介化过程成为"网红"打卡地,漫无目的的游走变为导航系统指导下的直奔目的地,道路本身的丰富性、延展性、奇遇性大大降低。道路上的奇遇越来越不可信,原本充满故事的街道现在蜕变为移动终端上的符号。列斐伏尔从事出租车司机的经历促使他思考都市空间问题,而城市空间的赛博化改变了出租车司机对城市的深入程度,因为即使对城市非常陌生,也可以顺利抵达。

赛博化城市空间中,媒介化过程赋予"界面"比现实空间更重要的意义。一般来说,界面通常被从物质意义上简化理解为显示屏,迈克尔·海姆将对界面的理解深入了一步,他指出,界面"是两种或多种信息源面对面交汇之处"❶。界面不能简单理解为视频硬件和屏幕,而应被视作"人与机器的连接,甚至是人进入一个自足的网络空间"❷。界面将人从传统的物理空间中解脱出来,进入自足的网络空间,传统城市空间的区隔作用日渐消退。传统城市空间中作为城市意象的边界,正在被界面所替代。"边界是线性要素,

---

❶ 迈克尔·海姆.从界面到网络空间——虚拟实在的形而上学[M].金吾伦,刘钢,译.上海:上海科技教育出版社,2000:78.

❷ 迈克尔·海姆.从界面到网络空间——虚拟实在的形而上学[M].金吾伦,刘钢,译.上海:上海科技教育出版社,2000:80.

但观察者并没有把它与道路同等使用或对待，它是两个部分的边界线，是连续过程中的线形中断……这些边界可能是栅栏，或多或少地可以互相渗透，同时将区域之间区分开来，也可能是接缝，沿线的两个区域相关联，衔接在一起。"❶ 从边界到界面，意味着城市空间赛博化过程中空间功能发生了根本性变化。"界面"不代表空间的边缘、边界，而是另一个新空间的打开。

人与道路、标志物等城市意象间的关系因媒介化而发生根本性改变，空间意象整体化位移到界面中，与作为赛博人的主体发生关系。《十七岁的单车》中胡同打斗作为前信息化时代北京城市景观，日渐成为回忆空间与文化乡愁，电影《老炮儿》对之作了致敬式缅怀。胡同口那些端坐的老年人，作为简·雅各布斯意义上的"街道之眼"被"电子眼"所取代。人与街道的关系在徐冰的实验性作品《蜻蜓之眼》中作为影片的第一个奇观呈现出来——深夜街头一个女性因看手机不慎跌入湖中，仅仅溅起几个涟漪就归于平静。界面中的世界与现实世界、界面中被观看的人与观看界面的人构成某种嵌套关系，这种现象与卞之琳在《断章》中描述的"你站在桥上看风景，看风景人在楼上看你"何其相似，只不过，这种观看全部转移到了"界面"上进行。

空间意象的整体化位移意味着城市空间的赛博化不是局部的、间断的，而是整体、持续地发生作用。米切尔在《比特之城：空间·场所·信息高速公路》第四章"重组的建筑"中指出，书店、书库/图书馆、美术馆、剧场/娱乐设施、校舍、医院、监狱、交易所、百货商场在数字化时代日渐被电子阅读、虚拟博物馆、电游竞技、虚拟社区、远程医疗、电子监控、电子贸易、网上购物所取代。❷ 城市空间意象正在经历变迁，互联网的出现使得充斥在贾樟柯电影中的录像厅渐渐被网吧取代，而随着移动互联网时代的到

---

❶ 凯文·林奇. 城市意象[M]. 方益萍，何晓军，译. 北京：华夏出版社，2017：36.
❷ 威廉·J. 米切尔. 比特之城：空间·场所·信息高速公路[M]. 范海燕，胡泳，译. 北京：生活·读书·新知三联书店，1999.

来，网吧又渐渐销声匿迹。曾经，科幻影片《银翼杀手》中镶嵌在摩天大楼上的大屏幕，不断播放着极具异域色彩的日本艺伎的画面，成为电影对未来城市空间、媒体城市的影像想象。而今，楼道、广场、街道密布摄像头与屏幕，建筑与媒介的无缝连接使得斯科特·麦夸尔意义上的"媒体城市"成为现实，更遑论博物馆、图书馆等公共空间里布设的互动屏幕设备。定位系统的普及，使人们成为活动光标，游走在城市各个地方，城市规划不得不考虑人的数字化生存现实。

数字化时代新兴的城市结构和空间组合深刻地影响我们享受经济机会和公共服务的权利、公共对话的性质和内容、文化活动的形式、权力的实施以及由表及里的日常生活体验，最终变成米切尔所谓的"建筑会变成计算机界面，计算机界面会变成建筑"。❶

米切尔为我们描述了一个计算机和电信无所不在的世界，在这里身体能力借助电子手段而大大增强，后信息高速公路时代的建筑以及超大规模的信息企业层出不穷。在这样一个时代，城市的概念受到了挑战，而且最终必会重新定义。计算机网络像街道系统一样成为都市生活的根本，内存容量和屏幕空间成为宝贵的、受欢迎的房地产。大多数经济、社会、政治和文化活动转移到了电脑化空间，只不过影像在表现现实城市空间意象体系整体化位移时，表现出了更为复杂的情感——成就感与焦虑感并存，乐观与悲观的情绪相互交织，缅怀与憧憬水乳交融。

城市的数字化转型使城市越来越成为媒介密集的空间，地理空间不仅是场所与地点，也是新媒体不断改写空间景观与空间感受的重要环节。生产、消费、物流、金融、营销改变了工业化时期的实体空间交往模式，数字平台成了社会实践、市场活动、文化交流、娱乐休闲的重要节点。它将各种要素集合起来，实现了"共时化"的交流模式。城市实体空间与虚假空间、

---

❶ 威廉·J.米切尔.比特之城：空间·场所·信息高速公路［M］.范海燕，胡泳，译.北京：生活·读书·新知三联书店，1999：102.

线上与线下的即时互动,形成了迥异于工业文明及之前所有文明形态的空间体验。熟人社会的聚合性文化正在被大城市的陌生文化、圈层文化取代。城市景观经媒介的作用之后,虽然看似在实体空间方面并无太大差异,却极大地改变了城市空间,形成信息化时代独特的媒介空间与媒介景观。

在《文化转向》一书中,弗雷德里克·詹姆逊详细描述了自己在洛杉矶商业区波拿文都拉宾馆的空间体验。❶ 建立"认知图绘"是弗雷德里克·詹姆逊对抗后现代主义理念影响下的城市超空间的方法。"认知图绘"的理论观点与智慧城市的话语修辞合并在一起,为人们提供信息时代地理学意义上的城市空间认知路径。

在大数据的技术支持下,生产环节与消费环节的流通催生了物流业的繁荣与发展,地理定位系统为重新认识城市景观与城市空间提供了新的方式。斯科特·麦夸尔分析了"地理媒介"这一概念所具有的四个维度,即融合、无处不在、位置感和实时反馈。❷ 这四个维度是在与之前的媒介相比较的基础上得出的,无处不在对应于特定场合。从根本上来说,快递行业的兴起与快速发展就是城市化与信息化高度发达,从而出现地理媒介的产物。移动和植入式媒介设备、位置感知设备、位置定制化使得消费行为等多种日常生活实践从线下变为线上。范小青的短篇小说《梦幻快递》反映的是城市空间在信息时代进行了重构之后的情形。小说不厌其烦地详尽描述了主人公作为一个快递员在送货过程中的经历、城市空间体验与感受。小说中的快递员每日穿梭于城市空间之中,令他感到诧异的是城市空间乃至家居空间的大同小异。现代城市空间的同质性不仅表现在从整体上对地标性建筑、高楼大厦的热衷,也在于这种同质化的空间规划思路与空间布局已经进入日常生活,居住小区的外观与内部规划、客厅与卧室的分布安排基本都保持着类似的结构。

---

❶ 弗雷德里克·詹姆逊.文化转向[M].胡亚敏,译.北京:中国社会科学出版社,2000.

❷ 斯科特·麦夸尔.地理媒介:网络化城市与公共空间的未来[M].潘霁,译.上海:复旦大学出版社,2019:1.

后现代城市空间的同质性加速了人们在其中方向的迷失体验。在这样的空间环境中，快递员所感受到的是方向感的迷失。虽然快递员每天在不同的小区穿梭送货，但是对他来说，所有这些地方都基本上是同样的地方。穿行在城市空间中，时时会有迷失感。这种体验不由令人感慨弗雷德里克·詹姆逊描述的波拿文都拉宾馆同样的迷失感。小说最后以神来之笔讲述自己曾任邮递员的爷爷替他去送货物的情节，揭示了快速发展的城市生活与他对往日时光的留恋。

城市空间赛博化的另一个突出体现是人与环境之间联系的割裂。京味文学中那种城与人紧密相连的关系正在弱化。在京味文学中，胡同、四合院空间的围合形式与老北京市民中正平和的性格似乎有着天然的联系。"胡同串子""大院子弟"之类的称呼似乎暗示着人物性格、空间特点两者之间相互成就、相互生成的关系。但是这种城市空间与空间主体之间的联系在网络时代开始弱化、淡化，表现在文艺创作上，便是相当多的电视剧作品表现出室内剧的特征。现代都市情感剧大多将情境设置在具有高度现代风格的建筑空间或者高档写字楼里。《家有儿女》《恋爱先生》《美好生活》等多部作品虽然将故事背景设置在北京，但是同样的故事放置在另一个环境中也未尝不可。这些电视剧虽然也有一部分城市景观，如地标性建筑央视大楼、鸟巢、水立方、中国尊、金融街等全景式镜头，但是这些城市景观在电视剧中只是起到转场的作用，环节与人物的性格并没有必然联系，故事情节的发展也与环境没有关系。因而，都市情感剧的地域色彩事实上正在呈现逐渐淡化的趋势。

二、空间赛博化与实践主体

（一）现代都市空间与新主体

对城市生活敏锐的先哲们早就对特定空间实践主体进行过详细的分析与描述。无论是本雅明意义上的"游荡者"，还是列斐伏尔本人曾经的出租车司机身份，抑或福柯对特殊人群的关注，都表明空间影响着生活中的实践主体。正如马克思曾经说过的那样："生产不仅为主体生产对象，而且也为对象生产主体。"❶ 赛博空间的研究对于城市空间研究的启发在于：人类在制造出人工智能的同时，也改造了人自身，使自己向"后人类"过渡。麦克卢汉将媒体作为技术"假肢"，认为是人身体的一种延伸。生活在赛博化城市空间中的主体出现了一系列存在论转向。凯瑟琳·海勒在对图灵测试、莫拉维克测试、霍奇斯发现进行辨析之后指出，再现的身体与表现的身体通过不断灵活的机器界面结合起来。"当你凝视着闪烁的能指在电脑显示屏上滚动，不管你对自己看不到却被表现在屏幕上的实体赋予什么样的认同，你都已经变成了后人类。"❷ 随着控制论、信息论等技术哲学的发展，当身体可以作为信息被植入与模仿时，主体的边界不断被打破，其在场与缺席、模式与随机性的边界也越来越模糊。

科幻小说在生产出赛博城市空间的同时塑造了一系列电子人、生物人、机器人。《神经漫游者》中穿梭在现实空间与"赛博空间"的电脑黑客、《银翼杀手》中的复制人，使得对主体进行重新思考与定位变得尤为必要。但是正如凯瑟琳·海勒指出的人体的边界不断被打破，当电子设备成为身体不可或缺的一部分，赛博化城市空间中的主体生存状况也正在通过现实题材影视剧开始显现出来。如2018年都市情感剧《恋爱先生》中塑造的斜杠青年形象，即是对现代赛博化城市空间中一类人物的书写。

"斜杠青年"是对网络化时代新出现的一类人群的统称，指的是这样一类人群：他们不满足于单一职业和身份的束缚，而是选择一种能够拥有多重职业和多重身份的多元生活。这些人在自我介绍中会用斜杠来区分。斜杠青年的出现是后工业时代的典型产物，服务业的发达、个性化服务的需求、互

---

❶ 中共中央马克思恩格斯列宁斯大林著作编译局.马克思恩格斯选集（第2卷）[M].北京：人民出版社，1995：10.
❷ 凯瑟琳·海勒.我们何以成为后人类：文学、信息科学和控制论中的虚拟身体[M].刘宇清，译.北京：北京大学出版社，2017：7.

联网技术的发展为这类人群的出现提供了充分的条件。后工业时代服务业摆脱了工业时代受空间、时间束缚的特点，可以随时随地提供个性化服务。电视剧《恋爱先生》中这些斜杠青年在职业选择上呈现出多样化、专业化、自由化的趋势，牙医兼职恋爱顾问，电脑公司老板化身网约车司机，在北京的现代都市空间中，上演了一幕幕都市情感故事。

（二）现代都市空间主体的在场与缺席

20世纪60年代，马歇尔·麦克卢汉开始思考媒介与人体的关系，提出了媒介是人的延伸的概念。媒体，作为一种技术"假肢"，正在对人类产生影响。网络使得人际交往的一部分转移到了线上。网络社区的出现，一方面，打破了传统的时空观，呈现出吉登斯意义上的"脱域化"，人际交往与地理距离的远近并不具有直接关系，兴趣爱好、身份职业取代地理空间成为影响社区人员构成的关系要素。另一方面，网络社区也使得主体的"在场"与"缺席"的等级关系被打破。凯瑟琳·海勒指出，由于在场/缺席的等级关系被打破了，缺席被赋予了比在场更重要的特权。❶ 很多时候，生活在虚拟空间中的那个人也许更接近主体本身。

《恋爱先生》中的主人公程皓作为新时代的斜杠青年的代表，其中一个身份是技术精良的牙医，每天西装革履出现在一尘不染的现代都市空间中，是现代技术精英人群的形象，看似精明强干，在感情生活中却迷茫无助。除了这个身份，他还活跃在网络上的虚拟社区里，为别人的情感生活排忧解难，甚至亲自上阵，协调都市青年男女走出感情的困境，无论是制造偶遇，还是破冰行动，看似都是一个情感高手。电视剧用大量的镜头与情节突出他在虚拟空间中发帖子进行热烈的讨论，逻辑清晰地为别人分析问题解决问题，令观众不知道到底哪个才是真实的他。在屏幕面前，他对感情生活的透

---

❶ 凯瑟琳·海勒.我们何以成为后人类：文学、信息科学和控制论中的虚拟身体[M].刘宇清，译.北京：北京大学出版社，2017：386.

彻领悟、逻辑严密的分析，恍然令人觉得屏幕上闪动的光标就是一个活生生的人物。信息科学令两性关系不再以现场作为交往的必要条件，两性关系也可以通过网络虚拟空间的交流来追求，而不是必须要求参与者实际到场见面。这构成了斜杠青年这类新人物的一个典型特征，即真实空间的优越感开始让位于虚拟空间。

新主体的生存极其依赖界面的存在。无论是与城市建筑浑然一体的实时播放的大屏幕，还是已被视为人的"义肢"的手机等移动新媒体，正在成为赛博化城市空间中主体赖以生存的必需品。"在赛博朋克看来，数字假体为其用户提供了一个脱离肉体进入赛博空间的机会。"❶ 从网上的屏幕形象中辨认出自己的"你"是分裂了的：我从不只是我屏幕上的角色。真实的身体上的个人和我的屏幕角色之间存在着一种关系，赛博空间的平等是如何带有欺骗性的——它忽视了物质层面的不一致（财产、社会地位、权力及其缺失，等等）。

（三）现代都市空间主体的多重身份认同

电视剧《恋爱先生》所描述的"斜杠青年"这部分新人物，游走在虚拟与现实之间，看似网络给予他们无限的能量，但事实上，他们经常面对的却是多重身份的危机，他们享受着分身术的便利，也必然要承受随之而来的精神/身体的分裂症。虚假社区中由闪烁的字符所建构起来的主体，形成屏幕角色，开始支配"真实"自我：我们的社会身份，已经是一个压制了我们被禁止之冲动的"面具"。但恰恰是在"只是游戏"的情况下我们才能允许自己去表达这些被压抑了的情感。此时，规范"真实生活"交往的法则被暂时悬置起来。以某个众所周知的性无能的腼腆家伙为例，当他参与赛博空间的一个互动游戏时，他就会扮演迷人的花花公子或性虐待狂的角色。然而，

---

❶ 弗雷德·特纳.数字乌托邦：从反主流文化到赛博文化[M].张行舟，王芳，等译.北京：电子工业出版社，2013：173.

把这种身份归于对真实生活之无能的想象性逃避还是太过于简单了。不如说，既然他知道赛博空间的互动游戏"只是一场游戏"，他就能"展示真实的自我"，做他在真实生活的交往中从未做过的事。在虚幻的伪装下，他自我的真相得到了清晰的表达，而屏幕上的角色是以模糊的形象存在的。"界面"恰恰意味着我和他人的关系从不是面对面的，它总要以数字机制为中介，想象与现实之间的差距足以引起各种失调现象。所以也就不难理解，男主角在自己情感生活中焦头烂额，却成为别人的爱情专家。

因而，与其说"斜杠青年"形象出现的意义在于成功跨界，还不如说是赛博化城市空间中实践主体的一种分身术的最直接表现。曾经，"圆形人物"是艺术作品在塑造人物时追求的目标，它追求人物的丰满性与复杂性，避免人物形象的扁平化与已完成性。然而，从总体上来说，"圆形人物"并不是分裂的。与之不同，赛博化城市空间中的实践主体却始终在真实身份与虚拟身份之间游移，分裂症似乎成了现代人的通病。"双重性格是程皓这个人物的特色，他内心是个特别羞涩的人，不敢向女生表达，但他表面装得嬉皮、调侃。作为一个感情专家，他是演给别人看的，他不愿意让别人看到他真实的内心世界，所以要靠女主角和他的好哥们来揭穿他，帮他找回自我。这是当下人的共性，叫做撕下伪装的面具。现在很多人都习惯把自己伪装起来，这样很难找到真爱，但是越伪装、越孤独，会形成恶性循环。"❶同样的情况也发生在电脑专家老板邹北业身上，这个"程序猿王"的另一个分身是专车司机。在现实世界中，他是"程序猿王"、企业老板，但是在业余时间，他却成为专车司机，在深夜的街头游荡，从中可以看出他生活在现实世界与虚拟空间两个不同的世界中。在现实城市空间与虚拟空间两个不同的环境中，作为空间实践主体的个人可以有不同的性格、不同的表现、不同的身份。在与象征现实世界的牙医诊所

---

❶ 朴芳.专访导演姚晓峰：《恋爱先生》究竟是怎么火起来的？[EB/OL].[2023-12-12].http://www.sohu.com/a/220373978_535321.

一墙之隔的虚拟空间里为别人充当婚恋专家的程皓,将现代人的分裂症表现得淋漓尽致。

赛博化城市空间里,分裂症的存在使身份认同变得异常艰难。到底哪个才是更真实的自我,哪个才是虚拟的自我,主体需要不断寻找自我、发现自我。实验电影《蜻蜓之眼》中蜻蜓不停变换角色,最终却消失在茫茫人海中,电影暗示蜻蜓在做了美容术之后从世界上消失,世人又何尝不是在虚拟世界里经过美容术出现在其他人面前呢?

需要指出的是,技术进步从来都是一把"双刃剑"。赛博化城市空间中的分身术带给人们接近自我的机会,同时也会带来身份认同的困境。弗雷德·特纳认为,"互联网技术带给人们一种进入构成世界基础模式的愿景的途径,以及借助这一愿景,一种进入将个人生活与技术融合,并开创全球性的、和谐的心灵社区的途径。……互联网被认为是个人和集体获得救赎的圣地"。但是,"他们此刻生活的物质世界却极少被提及","信息及信息技术最终还是无法让我们摆脱我们的躯体,我们的机构以及我们所身处的时代"。❶这也是赛博化城市空间中实践主体在真实与虚拟之间挣扎的真实写照。

三、赛博化城市空间的叙事

近些年来,北京城市空间书写的文学和影视文本中,频频出现空间、地点与场所之间的转换、并置。如果说20世纪八九十年代《北京人在纽约》《洋妞在北京》等电视剧这种命名与现象还未模式化的话。那么后来的《北京遇上西雅图》《泰囧》《杜拉拉升职记》《恋爱先生》《美好生活》等影视剧作品开始频频出现将北京与其他城市/空间并置,并不断在不同地点间取

---

❶ 弗雷德·特纳.数字乌托邦:从反主流文化到赛博文化[M].张行舟,等译.北京:电子工业出版社,2013:284-285.

景，场景在空间之间不断转换的情形。抛却这些作品以异域色彩来取悦观众的因素之外，信息化时代"流动空间"的特征也是重要因素之一。时空压缩的现实感受对空间叙事的影响表现在如下几个方面。

（一）空间场景的阶层化倾向

技术与理论的变革使得空间书写与叙事学的研究都发生了变化。在叙事学家那里，预示着从经典叙事学向后经典叙事学的过渡。美国学者玛丽·劳尔·瑞安指出亚里士多德所提出的线性叙事在从旧媒介过渡到新媒介之后，叙事日益向互动性发展。❶ 本部分主要从影像对赛博化城市空间的叙事的角度来分析，换言之，从电影、电视剧这些相对比较"旧"的媒介❷ 来看城市空间叙事如何体现了新媒介时代的特征。凯瑟琳·海勒在对马克·雷纳（Mard Leyner）中讲述的一个故事进行分析时指出："即使在这篇短小的故事范围里，这些际遇也不是按照时间的先后相关顺序来安排的。叙述者不断地从一个场景跳到另一个场景，所有这些场景都只是靠微妙而随意的线索相联系。这种不连贯性使得叙述成为由模式的组合和分解构成合成文本。"❸ 这样的叙事逻辑和处理方式显然与信息化时代编码方式的影响直接相关，靠组合，而不是线性的发展逻辑形成统一的叙事整体已经成为当代影视构建叙事架构的一种主要方式。

作家石一枫表示："我是出生并生长于 20 世纪 80 年代的，如果把我空投到世界上任何一个大城市，纽约、东京、首尔，我都不会觉得陌生，可是，如果从北京城向外开车 50 公里，把我扔在郊区的一个村子里，我可能

---

❶ 美国学者玛丽·劳尔·瑞安在《故事的变身》中第五章"走向互动叙事学"用一章的内容详细阐释了新媒介时代叙事学向互动性转身的情况。参见：玛丽·劳尔·瑞安.故事的变身［M］.张新军，译.南京：译林出版社，2014.
❷ 电影与电视剧也是两种不同的媒介，很多学者如布迪厄、麦夸尔对此都有论述。
❸ 凯瑟琳·海勒.我们何以成为后人类：文学、信息科学和控制论中的虚拟身体［M］.刘宇清，译.北京：北京大学出版社，2017：60.

会觉得特别地陌生。"❶石一枫提到的这种情况,事实上不只是中国城市化的结果,还是城市空间赛博化、全球化空间所导致的。

(二)空间叙事的网格化模式

所谓网格化叙事,是指在叙事的各部分之间的逻辑关系并不必然保持着一种严格的统一,而是采取将各部分拼接在一起的方法。城市影像的线性叙事在新媒介时代遭遇到挑战。

"数字媒介越来越变得个人化并被植入现有的生活环境:媒介技术常被用于激活本地场景并与特定地点建立连接,换而言之,数字媒介既帮助人们从'地点'解放出来,又成为如今地点制造的重要形式。"麦夸尔指出,他希望能通过"地理媒介"这一概念,体现出"连接/断裂、本地化/在地化、本地/全球以及直接/中介之间充满悖论的辩证关联"。❷地理媒介构成的公共空间影响了我们如何认识并行使自己"对城市的权利",如何建构日常的社会交往,如何体验诸如远与近、在场与缺席之间的各种复杂关系。

在曼纽尔·卡斯特意义上的"流动空间"中,选择不同场景进行叙事变得比以往更加容易与令人信服。赛博化城市空间叙事不再囿于地理上的空间概念。事实上,很多影视剧都以增加异域色彩场景来丰富叙事空间。《恋爱先生》开场的几集讲述故事主人公在比利时第一次相遇,并安排了女主人公陪程皓在比利时旅游的情景,之后就把故事搬回了国内。电视剧《美好生活》同样给徐天安排了海外定居人士的人设。很多影片主人公刚刚还在北海道享受二人世界,或者在新马泰享受闲暇时光,转眼就回到国内,上演生离死别的人间悲喜剧。"全球化城市不是一个城市,而是一种新的空间形式,

---

❶ 石一枫.文学和城市之间[EB/OL].[2022-10-10].http://www.bjwl.org.cn/wwwroot/wlw/publish/article/1904/1905/79450.shtml.

❷ 斯科特·麦夸尔.地理媒介:网络化城市与公共空间的未来[M].潘霁,译.上海:复旦大学出版社,2019,前言:5.

是一种流动空间，是信息时代的特点。"❶

除了场景的选择受地理空间的限制更小，网格化叙事的另一个突出特征，体现在叙事逻辑上，原来的线性叙事逐渐被网格化叙事所替代。仿佛线性叙事已经不能容纳下其想表达的内容，或者是因为城市化进程、赛博空间对城市空间的入侵造成的巨大时空张力，使贾樟柯自从《三峡好人》开始，钟情于这种三段式表达，后来的《天注定》《山河故人》都采用了这种结构方式。从空间上而言，很多影视剧的故事在故乡、他乡、异域之间展开，《恋爱先生》则以婚恋专家程皓为不同的人当恋爱顾问，结构起故事的主要框架。

虽然与前述影视剧先有故事情节再拍摄的制作方式全然不同，却具有异曲同工效果的是，徐冰于2014年用公共摄像头的素材加以剪辑，再附以虚构的故事情节的实验性电影《蜻蜓之眼》。这部影片试图用一个连续的故事情节统领不同空间与时间的影像素材，却不期然在素材与故事之间产生出巨大的张力。一方面，场景、人物与画面挑战着创作人物的想象力，总是试图冲破叙事的边界；另一方面，连贯的故事在支离破碎的世界面前，或曰城市空间的赛博化现实面前，极力维护着自己的逻辑与因果关系。城市空间的赛博化令发生在不同时空的故事得以借助现代科技手段呈现在人们面前：深夜走在街头却因看手机而掉入水中溺亡的女士、奶牛场里的现代化生产场景、作为城市空间中"异托邦"之地的寺庙、风雨突来坍塌的路面。赛博化城市空间中，每个人都成了《楚门的世界》中的主人公，以生命的真实长度上演着人间的悲欢离合。

（三）空间叙事的逻辑化渴求

《蜻蜓之眼》这部实验性电影让人们再一次深刻体会到世界正在成为

---

❶ 汪民安，陈永国，马海良. 城市文化读本［M］. 北京：北京大学出版社，2008：351.

巨大的摄影棚，赛博化城市空间中，想讲述一个传统的爱情故事并非容易之事。信息化社会中叙事也被迫以一种信息的方式来进行传播，但是正如斯各特·拉什所言："信息与叙事不同，它把开头、中间与结尾压缩成一个属于'此时此地'的当下直接性，它又与论说不同，它不需要合法化的论证，不采取命题陈述的形式，而是凭借着一种直接的通信暴力来运作。"❶斯各特·拉什最终从这种信息化处理方式中看出了非线性与不连续的新权力格局，这种新权力格局使很多问题以信息的获得与生产为形式，也就在这个意义上，网格化叙事也是新权力格局的一种表达方式。如同《楚门的世界》中，楚门的妻子在两个人的日常生活中，不断插播一段商品广告来打断影片的线性叙事一样，谁又能说网格化处理不是赛博化城市空间中这种新权力格局的一种利益最大化的表达方式呢？

综上所述，城市影像在表现赛博化城市空间时所表现出来的空间意象体系系统化位移、空间实践主体的存在论转向、空间线性叙事网格化困境，只是赛博化城市空间作为文化表征的征候，或曰现实生活的艺术反思。福柯的"异托邦"思想、列斐伏尔的"空间生产"理论、索亚的"第三空间"理论、戴维·哈维的"空间修复"等观念还远未过时，即迎来了赛博空间对城市空间的渗透与影响。城市空间的赛博化成为涉及建筑学、社会学、哲学、艺术学、叙事学等多学科的交叉问题域，期待进一步的研究与发现。如果将视野扩展到人类文明的历史长河，可以更清晰地看到技术与人文的矛盾到目前仍然处于此起彼伏的胶着状态，为此，城市空间理论需要紧跟时代发展，在福柯、列斐伏尔、索亚、戴维·哈维的基础上有更多新的发展与发现，力求城市空间理论、技术哲学、人文主义与后人类主义的研究在城市文化研究中达到一种新的平衡。

全球化时代数字技术发展使社会形态渐渐表现为"网络社会"，计算机终端成为社会关系的节点。网络的开放性、延展性使人们的时间感与空间感

---

❶ 斯各特·拉什.信息批判［M］.杨德睿，译.北京：北京大学出版社，2009：6.

发生了巨大变化，呈现出时空压缩的特征。物理距离、地理邻近性的约束开始失效，网络社会产生了新的空间逻辑，空间位移主要表现为资本流动、信息流动、技术流动。空间成为"流动的空间"。与实体空间不同，流动空间靠节点连接，没有明晰的构造，没有明确的中心与边缘，边界不断被打破，是随时变化的、半透明的拓扑空间、赛博空间。相应地，空间书写也表现出不同的特征。地理空间的阻隔性降低，不同空间之间的跳转越来越多，虚拟社区、界面成为新的空间形态。

结 语

结 语

本书首先从空间理论与空间书写的角度进行概述，将北京城市新空间放置于城乡与乡土、世界与地方、实体与虚拟这样三对当前面临的主要矛盾入手，"从文本进入城市"与"从城市进入文本"是一个双向动态的研究过程。就实践层面而言，"新空间"是对现实城市问题的及时回应。自改革开放以来，古都北京的面貌不断发生变化，工作空间从工厂、车间过渡到写字楼、格子间；胡同、四合院、大院作为生活空间渐渐淡出人们的经验范围，社区及广场成为生活空间的主要形式；新的地标式建筑不断涌现，标识着这座城市不断迈向现代化、国际化的步伐；边缘空间不断出现在文艺作品中，展示着城乡矛盾与社会转型的阵痛。

与之同步，作为现实生活的审美观照，北京题材文艺作品也渐渐有了不同于京味文学的新特色，新空间不仅成为文艺作品的叙事空间，也不断成为它们的审美表现对象，表达着创作者们的新空间体验。因而，对北京城市新空间及其文学书写与影像呈现进行研究已经迫在眉睫。空间理论为这类研究提供了丰富的理论资源和新的分析视角。通过对空间进行研究，可以了解空间生产了何样的社会关系，空间如何表征着社会、文化的转型。

第一，从消费空间书写的角度看文化转型过程中人们的复杂心态。改革开放以来，人们对消费空间的向往与抵抗的复杂心理过程，从初期对消费空间的向往之情，到"大街上的现代主义"、咖啡馆空间、孤独的文化心态等方面展开分析，同时也注意到消费空间的涌现与新阶层的出现的密切关系。北京城市空间在 20 世纪 90 年代开启了结构上的重构过程。在此后 30 年的历史进程中，市场经济浪潮犹如大海巨浪，裹挟着城市、城市空间、城市空间主体开启了一个新的历史阶段。从经济学、城市规划学等角度来看，城市空间结构大规模重构势必是经济发展的动力与城市美化运动的组成部分。处在这场变动中的空间实践主体的复杂心理动态、城市文化的延续与新生，还要从这一阶段的空间转型书写中去寻觅答案。

第二，从新家居空间、性别空间的角度分析文化转型对家居空间、女性带来的文化冲击。从对称、平衡、有序为特征的胡同、四合院，到整齐划一、独成一体、带有几分优越感的部队大院，到现代的居民小区、社区注重伦理秩序、依附人情的邻里文化，渐渐过渡到西美尔意义上的生活在大都市里的精神麻木的现代城市居民。文化转型带来的"家居"新空间的出现，带来的是各种文化与价值观念之间的激荡碰撞。家居空间存在着从温情到冷漠、从场所到资源的转换过程。女性在中西文化、城乡文化之间挣扎取舍，其中一部分女性最终转回到"私人空间"，以身体空间作为最后的"城堡"，抵御着外部空间的侵袭，而另一部分女性则经受着城乡文化转型带来的伦理价值观念上的撕裂与考验。

第三，从节点空间看北京城市空间在不同文化之间的相互凝视。节点空间的概念来自凯文·林奇，是空间的连接点、道路的交叉或汇聚点，从一种结构向另一种结构的转换处，也可能只是简单的聚集点。本研究借用这个概念指城市中那些"他者"借以进入或观察城市的空间，如同本雅明意义上的拱廊街之于浪荡子，过街天桥、出租屋等空间始终提供着对于北京城市空间的不同文化眼光的观察、审视与评判。徐则臣北京题材作品中高频度出现的过街天桥、出租屋，荆永鸣笔下的胡同中的出租屋，石一枫笔下的陈金芳生活的地方，都具有节点空间的特征并为这些城市"他者"提供了从另一个角度观察北京城市文化的窗口，带着反思与审视的目光去书写这座城市在急遽变化的时代里的现状，去书写生活在这座城市里的北京人，从而为读者呈现了一幅不同视角下的北京日常生活图景。

第四，从回忆空间看北京城市文化乡愁。与北京城市实体空间的快速现代化相比，北京城市空间书写却出现了相反的倾向，即文艺作品出现了一股城市空间的怀旧潮流。在现实生活中消逝的空间在文艺作品中被反复书写与营造,连同那个时代的城市文化一同被怀念、记忆、惋惜与留恋。由此,北京城市空间书写塑造了独特的回忆空间,以此来承载文化乡愁与城市记忆。这里面不仅有离开了北京的叶广芩书写着记忆中的北京城市空间,也有一系列电视剧在传统北京城市空间布局与建筑结构中传递着浓郁的京味文化,姜文将天际线、房顶作为京味文化符号在电影中一再使用,也令人感受到北京城市空间书写中独特的文化意味与浓郁的文化乡愁。

第五,从全球化空间看北京城市文化认同。本部分主要围绕涉及全球化空间的作品,对全球化背景下北京城市空间转型进行研究。全球化背景下,北京城市空间有了新的坐标系,也产生了部分新的空间,在这些空间中,世界与地方紧密地纠缠在一起,现代主义与后现代主义文化夹杂其中,历时的追求与共时的呈现并存,世界从来没有如此密切地影响着城市空间与空间想象。从"到世界去"的全球化欲望,到全球化空间图景与中国本土的城市化书写,再到知识分子的回归叙事,全球化空间成为现代北京城市题材的一个重要文化空间。北京作为我国的首都,有着雄厚的政治、经济、文化实力,是当之无愧的现代国际化大都市。作为国际化大都市,北京拥有便利的交通、繁荣的中心商务区、国际化高校、巨型标志性建筑等。这一时期,"到世界去"的欲望与全球化乡愁相互缠绕,东西方文化交融、碰撞,传统与现代汇集,伴随着现代化进程而来的全球空间在文艺作品中冲击着人们的文化心理,提供着这个时代的文化征候。

第六,从赛博化城市空间看北京城市文化景观。随着数字网络技术的发展,市民日常生活实践越来越多地与不断涌现的新媒体传播技术、地理媒介技术、媒体建筑空间发生关联,城市生活方式、生产关系日新月异的发展催促文艺创作关注日常生活实践。赛博化城市空间中,无论是道路还是标志物,都不再是客体化的呈现,所有空间都经历了媒介化过程,构成现实—虚拟化空间。赛博化城市空间中,媒介化过程赋予"界面"比现实空间更重要的意义。范小青的短篇小说《梦幻快递》反映的即是北京城市空间在信息时代进行了重构之后的情形。现代城市空间的同质性不仅表现在从整体上对地标性建筑、高楼大厦的热衷，也在于这种同质化的空间规划思路与空间布局已经进入日常生活，居住小区的外观与内部规划、客厅与卧室的分布安排基本都保持着类似的结构。后现代城市空间的同质性加速了人们在其中方向的迷失体验。在这样的空间环境中，快递员所感受到的是方向感的迷失。城市空间赛博化的另一个突出体现是人与环境之间联系的割裂，京味文学中那种城与人紧密相连的关系正在弱化。城市空间与空间主体之间的联系在网络时代开始弱化、淡化，表现在文艺创作上，便是相当多的电视剧作品表现出室内剧的特征。现代都市情感剧大多将情境设置在具有高度现代风格的建筑空间或者高档写字楼里。《家有儿女》《恋爱先生》《美好生活》等多部作品虽然将故事背景设置在北京，但是同样的故事放置在另一个环境中也未尝不可。这些电视剧中虽然也有一部分城市景观，如地标性建筑央视大楼、鸟巢、水立方、中国尊、金融街等全景式镜头，但是这些城市景观在电视剧中只是起到转场的作用，环境与人物的性格并没有必然联系，故事情节的发展也与环境没有关系。因而，都市情感剧的地域色彩事实上正在呈现逐渐淡化的趋势。

参考文献

1. 中文译著

[1]阿德里安·富兰克林.城市生活[M].何文郁,译.南京:江苏教育出版社,2013.

[2]阿莱达·阿斯曼.回忆空间:文化记忆的形式和变迁[M].潘璐,译.北京:北京大学出版社,2016.

[3]艾拉·卡茨纳尔逊.马克思主义与城市[M].王爱松,译.南京:江苏教育出版社,2013.

[4]爱德华·W.苏贾.后现代地理学——重申批判社会理论中的空间[M].王文斌,译.北京:商务印书馆,2017.

[5]爱德华·W.苏贾.寻求空间正义[M].高春花,强乃社,等译.北京:社会科学文献出版社,2016.

[6]爱德华·W.索亚(Edward W. Soja).第三空间:去往洛杉矶和其他真实和想象地方的旅程[M].陆扬,等译.上海:上海教育出版社,2005.

[7]爱德华·W.索亚(Edward W. Soja).后大都市:城市和区域的批判性研究[M].李钧,等译.上海:上海教育出版社,2006.

[8]安东尼·吉登斯.现代性的后果[M].田禾,译.南京:译林出版社,2000.

[9]贝尔纳·斯蒂格勒.技术与时间1:爱比米修斯的过失[M].裴程,译.南京:译林出版社,2000.

[10]本尼迪克特·安德森.想象的共同体:民族主义的起源与散布[M].吴叡人,译.上海:上海人民出版社,2003.

[11]彼得·布鲁克.空的空间[M].邢历,等译.北京:中国戏剧出版社,1998.

[12] 彼得·布鲁克.现代性和大都市：写作、电影和城市的文艺社群[M].杨春丽,译.南京：江苏教育出版社,2015.

[13] 彼得斯.交流的无奈[M].何道宽,译.北京：华夏出版社,2013.

[14] 薄大伟（David Bray）.单位的前世今生：中国城市的社会空间与治理[M].柴彦威,张纯,何宏光,等译.南京：东南大学出版社,2014.

[15] 布莱恩·劳森.空间的语言[M].杨青娟,等译.北京：中国建筑工业出版社,2003.

[16] 布鲁诺·赛维.建筑空间论[M].张似赞,译.北京：中国建筑工业出版社,2006.

[17] 大卫·哈维.希望的空间[M].胡大平,译.南京：南京大学出版社,2006.

[18] 戴维·哈维.后现代的状况——对文化变迁之缘起的探究[M].阎嘉,译.北京：商务印书馆,2015.

[19] 戴维·哈维.叛逆的城市：从城市权利到城市革命[M].叶齐茂,倪晓辉,译.北京：商务印书馆,2014.

[20] 戴维·哈维.正义、自然和差异的地理学[M].胡大平,译.上海：上海人民出版社,2011.

[21] 戴维·莫利,凯文·罗宾斯.认同的空间：全球媒介、电子世界景观与文化边界[M].司艳,译.南京：南京大学出版社,2001.

[22] 德波拉·史蒂文森.城市与城市文化[M].李东航,译.北京：北京大学出版社,2015.

[23] 段义孚.空间与地方：经验的视角[M].王志标,译.北京：中国人民大学出版社,2017.

[24] 多琳·马西.保卫空间[M].王爱松,译.南京：江苏教育出版社,2013.

[25] 弗里德里希·基特勒.留声机 电影 打字机[M].邢春丽,译.上海：复旦大学出版社,2017.

[26] 根特城市研究小组.城市状态：当代大都市的空间、社区和本质[M].敬

东，译.北京：中国水利水电出版社，知识产权出版社，2005.

[27] 韩书瑞.北京：公共空间和城市生活[M].孔祥文，译.北京：中国人民大学出版社，2019.

[28] 亨利·列斐伏尔.都市革命[M].刘怀玉，张笑夷，郑劲超，译.北京：首都师范大学出版社，2018.

[29] 亨利·列斐伏尔.空间与政治[M].李春，译.上海：上海人民出版社，2015.

[30] 加斯东·巴什拉.空间诗学[M].龚卓军，王静慧，译.北京：世界图书出版公司，2017.

[31] 简·雅各布斯.美国大城市的死与生[M].金衡山，译.南京：译林出版社，2020.

[32] 居伊·德波.景观社会[M].张新木，译.南京：南京大学出版社，2017.

[33] 凯瑟琳·海勒.我们何以成为后人类——文学、信息科学和控制论中的虚拟身体[M].刘宇清，译.北京：北京大学出版社，2017.

[34] 凯文·林奇.城市意象[M].方益萍，何晓军，译.北京：华夏出版社，2017.

[35] 柯林·罗，弗瑞德·科特.拼贴城市[M].童明，译.北京：中国建筑工业出版社，2003.

[36] 克劳斯·布鲁恩·延森.媒介融合：网络传播、大众传播和人际传播的三重维度[M].刘君，译.上海：复旦大学出版社，2012.

[37] 雷吉斯·德布雷.媒介学引论[M].刘文玲，译.北京：中国传媒大学出版社，2014.

[38] 雷蒙·威廉斯.乡村与城市[M].韩子满，刘戈，徐珊珊，译.北京：商务印书馆，2013.

[39] 理查德·利罕.文学中的城市：知识与文化的历史[M].吴子枫，译.上海：上海人民出版社，2009.

[40] 刘易斯·芒福德.城市发展史——起源、演变和前景[M].宋俊岭，倪文

彦，译.北京：中国建筑工业出版社，1989.

[41] 刘易斯·芒福德.城市文化[M].宋俊岭，李翔宁，周鸣浩，译.北京：中国建筑工业出版社，2009.

[42] 罗伯特·阿尔特.想象的城市：都市体验与小说语言[M].邵文实，译.南京：江苏教育出版社，2013.

[43] 马歇尔·麦克卢汉.理解媒介——论人的延伸[M].何道宽，译.北京：商务印书馆，2000.

[44] 迈克·克朗.文化地理学[M].杨淑华，宋慧敏，译.南京：南京大学出版社，2003.

[45] 迈克尔·海姆.从界面到网络空间——虚拟实在的形而上学[M].金吾伦，刘钢，译.上海：上海科技教育出版社，2000.

[46] 曼纽尔·卡斯特.认同的力量[M].夏铸九，黄丽玲，译.北京：社会科学文献出版社，2003.

[47] 曼纽尔·卡斯特.网络社会的崛起——信息时代三部曲：经济、社会与义化[M].夏铸九，王志弘，译.北京：社会科学文献出版社，2001.

[48] 莫里斯·布朗肖.文学空间[M].顾嘉琛，译.北京：商务印书馆，2003.

[49] 齐奥尔格·西美尔.时尚的哲学[M].费勇，吴晋，译.北京：文化艺术出版社，2001.

[50] 齐格蒙特·鲍曼.全球化：人类的后果[M].郭国良，徐建华，译.北京：商务印书馆，2001.

[51] 让·鲍德里亚.消费社会[M].刘成富，全志钢，译.南京：南京大学出版社，2014.

[52] 斯蒂芬·迈尔斯.消费空间[M].孙民乐，译.南京：江苏教育出版社，2013.

[53] 斯蒂夫·派尔.真实城市：现代性、空间与城市生活的魅像[M].孙民乐，译.南京：江苏凤凰出版社，2014.

[54] 斯各特·拉什.信息批判[M].杨德睿，译.北京：北京大学出版社，

2009.

［55］斯科特·麦奎尔.媒体城市：媒体、建筑与都市空间［M］.邵文实，译.南京：江苏教育出版社，2013.

［56］唐·伊德.技术与生活世界：从伊甸园到尘世［M］.韩连庆，译.北京：北京大学出版社，2012.

［57］威廉·H.怀特.小城市空间的社会生活［M］.叶齐茂，倪晓辉，译.上海：上海译文出版社，2016.

［58］文森特·莫斯可.数字化崇拜：迷思、权力与赛博空间［M］.黄典林，译.北京：北京大学出版社，2010.

［59］沃尔夫冈·希弗尔布施.铁道之旅：19世纪空间与时间的工业化［M］.金毅，译.上海：上海人民出版社，2018.

［60］巫鸿."空间"的美术史［M］.钱文逸，译.上海：上海人民出版社，2018.

［61］西奥多·夏兹金，等.当代理论的实践转向［M］.柯文，石诚，译.苏州：苏州大学出版社，2010.

［62］西美尔.金钱、性别、现代生活风格［M］.顾仁明，译.上海：学林出版社，2000.

［63］扬·盖尔.交往与空间［M］.何人可，译.北京：中国建筑工业出版社，2002.

［64］扬·盖尔，拉尔斯·吉姆松.新城市空间［M］.2版.何人可，张卫，邱灿红，译.北京：中国建筑工业出版社，2003.

［65］约翰·伦尼·肖特.城市秩序：城市、文化与权力导论［M］.郑娟，梁捷，译.上海：上海人民出版社，2010.

［66］约斯·德·穆尔.赛博空间的奥德赛：走向虚拟本体论与人类学［M］.麦永雄，译.桂林：广西师范大学出版社，2007.

［67］阵内秀信.东京的空间人类学［M］.刘东洋，郭屹民，译.北京：中国建筑工业出版社，2019.

［68］张英进.中国现代文学与电影中的城市：空间、时间与性别构形［M］.秦

立彦,译.南京:江苏人民出版社,2007.

2. 中文著作

[1] 包亚明.后大都市与文化研究[M].上海:上海教育出版社,2005.

[2] 包亚明.后现代性与地理学的政治[M].上海:上海教育出版社,2001.

[3] 包亚明.上海酒吧:空间消费与想象[M].南京:江苏人民出版社,2001.

[4] 包亚明.现代性与空间的生产[M].上海:上海教育出版社,2003.

[5] 蔡翔.日常生活的诗情消解[M].上海:学林出版社,1996.

[6] 陈涛.底层再现:中国当代电影中的城市游民[M].北京:中国戏剧出版社,2015.

[7] 陈晓明.剩余的想象:90年代的文学叙事与文化危机[M].北京:华艺出版社,1997.

[8] 陈晓云.电影城市:中国电影与城市文化(1990—2007)[M].北京:中国电影出版社,2008.

[9] 陈映芳.城市中国的逻辑[M].北京:生活·读书·新知三联书店,2012.

[10] 陈映芳.都市大开发:空间生产的政治社会学[M].上海:上海古籍出版社,2009.

[11] 戴锦华.犹在镜中[M].北京:知识出版社,1999.

[12] 方平.晚清上海的公共领域(1895—1911)[M].上海:上海人民出版社,2007.

[13] 冯雷.理解空间:20世纪空间观念的激变[M].北京:中央编译出版社,2017.

[14] 高小康.市民、士人与故事:中国近古社会文化中的叙事[M].北京:人民出版社,2001.

[15] 高秀芹.文学的中国城乡[M].西安:陕西人民教育出版社,2002.

[16] 贺照田.西方现代性的曲折与展开[M].长春:吉林人民出版社,2002.

[17] 胡嘉明,张劼颖.废品生活:垃圾场的经济、社群与空间[M].北京:生

活·读书·新知三联书店，2020.

[18] 曾国屏，李正风，段伟文，等.赛博空间的哲学探索[M].北京：清华大学出版社，2002.

[19] 季松，段进.空间的消费：消费文化视野下的城市发展新图景[M].南京：东南大学出版社，2012.

[20] 蒋述卓，王斌，张康庄，等.城市的想象与呈现[M].北京：中国社会科学出版社，2003.

[21] 李洁非.城市像框[M].太原：山西教育出版社，1999.

[22] 李今.海派小说与现代都市文化[M].合肥：安徽教育出版社，2000.

[23] 李欧梵.上海摩登：一种新都市文化在中国[M].毛尖，译.北京：北京大学出版社，2001.

[24] 李书磊.都市的迁徙：现代小说与城市文化[M].长春：时代文艺出版社，1993.

[25] 李天纲.人文上海：市民的空间[M].上海：上海教育出版社，2004.

[26] 李志刚，顾朝林.中国城市社会空间结构转型[M].南京：东南大学出版社，2011.

[27] 刘凤云，江晓成，张一驰.人文之蕴：北京城的空间记忆[M].北京：中国人民大学出版社，2018.

[28] 刘怀玉.现代性的平庸与神奇：列斐伏尔日常生活批判哲学的文本学解读[M].北京：中央编译出版社，2006.

[29] 刘胜利.身体、空间与科学：梅洛-庞蒂的空间现象学研究[M].南京：江苏人民出版社，2015.

[30] 刘心武.空间感[M].桂林：漓江出版社，2013.

[31] 龙迪勇.空间叙事学[M].北京：生活·读书·新知三联书店，2015.

[32] 陆学艺.当代中国社会阶层研究报告[M].北京：社会科学文献出版社，2002.

[33] 毛兵，薛晓雯.中国传统建筑空间修辞[M].北京：中国建筑工业出版社，

2010.

[34] 倪鹤琴.审美视野中的城市风景：深圳迈向现代化进程中的文化建构[M].北京：中国社会科学出版社，2002.

[35] 邱华栋.城市的面具：新人类的部族与肖像[M].兰州：敦煌文艺出版社，1997.

[36] 孙绍谊.想象的城市：文学、电影和视觉上海（1927—1937）[M].上海：复旦大学出版社，2009.

[37] 孙逊，杨剑龙.都市空间与文化想象[M].上海：上海三联书店，2008.

[38] 孙逊，杨剑龙.阅读城市：作为一种生活方式的都市生活[M].上海：上海三联书店，2007.

[39] 田中阳.百年文学与市民文化[M].长沙：湖南教育出版社，2002.

[40] 童强.空间哲学[M].北京：北京大学出版社，2011.

[41] 汪民安.身体、空间与后现代性[M].南京：江苏人民出版社，2006.

[42] 汪民安，陈永国，马海良.城市文化读本[M].北京：北京大学出版社，2008.

[43] 汪民安，郭晓彦.建筑、空间与哲学[M].南京：江苏人民出版社，2019.

[44] 王笛.街头文化：成都公共空间、下层民众与地方政治[M].北京：中国人民大学出版社，2006.

[45] 王升远.文化殖民与都市空间：侵华战争时期日本文化人的"北京体验"[M].北京：生活·读书·新知三联书店，2017.

[46] 武廷海，张能，徐斌.空间共享：新马克思主义与中国城镇化[M].北京：商务印书馆，2014.

[47] 肖庆华.都市空间与文学空间：多丽丝·莱辛小说研究[M].成都：四川辞书出版社，2008.

[48] 谢纳.空间生产与文化表征：空间转向视阈中的文学研究[M].北京：中国人民大学出版社，2010.

[49] 谢桃坊.中国市民文学史[M]成都：四川人民出版社，1997.

[50] 许纪霖,罗岗.城市的记忆:上海文化的多元历史传统[M].上海:上海书店出版社,2011.

[51] 许苗苗.北京都市新空间与景观生产[M].北京:中国社会科学出版社,2016.

[52] 许苗苗.大都市小空间——写字楼阶层的诞生与新都市文化[M].北京:知识产权出版社,2011.

[53] 颜忠贤.影像地志学:迈向电影空间理论的建构[M].太原:万象图书,1996.

[54] 杨东平.城市季风:北京和上海的文化精神[M].北京:东方出版社,1994.

[55] 杨上广.中国大城市社会空间的演化[M].上海:华东理工大学出版社,2006.

[56] 姚霏.空间、角色与权力:女性与上海城市空间研究(1843—1911)[M].上海:上海人民出版社,2010.

[57] 岳永逸.空间、自我与社会:天桥街头艺人的生成与系谱[M].北京:中央编译出版社,2007.

[58] 张鹏.城市里的陌生人:中国流动人口的空间、权力与社会网络的重构[M].南京:江苏人民出版社,2014.

[59] 张颐武.从现代性到后现代性[M].南宁:广西教育出版社,1997.

[60] 赵伯陶.市井文化与市民心态[M].武汉:湖北教育出版社,1996.

[61] 赵鑫珊,周玉明.人脑·人欲·都市[M].上海:上海人民出版社,2002.

[62] 周大鸣,郭正林.中国乡村都市化[M].广州:广东人民出版社,1996.

3. 学术论文

[1] 陈涛.中国摇滚电影中的北京空间[J].当代文坛,2016(1):73-77.

[2] 陈晓云.电影城市:当代中国电影的城市想象[J].当代电影,2008(12):45-50.

［3］韩模永.增强现实与空间转向——网络文学的场景书写及其审美变革［J］.文艺理论研究，2019，39（4）：33-38.

［4］陆扬.空间批评的谱系［J］.文艺争鸣，2016（5）：80-86.

［5］裴萱.空间美学与当代文学理论知识话语新维度［J］.海南大学学报（人文社会科学版），2019，37（1）：85-92.

［6］孙承健.空间、身体与存在：当代科幻电影叙事的文本建构逻辑［J］.电影艺术，2019（2）：71-77.

［7］孙玮.赛博人：后人类时代的媒介融合［J］.新闻记者，2018（6）：4-11.

［8］孙玮.移动网络时代的城市新时空 传播学视野中的传播与建筑［J］.时代建筑，2019（2）：10-13.

［9］陶东风.城市空间研究在中国的兴起及其理论旨趣［J］.中国政法大学学报，2017（2）：18-28，159.

［10］汪民安.游荡者、商品和垃圾［J］.中国图书评论，2009（12）：4-13.

［11］王炳钧，王炎，汪民安，等.空间、现代性与文化记忆［J］.外国文学，2006（4）：76-87.

［12］吴雪丽.时间、空间与文学北京——论徐则臣的"京漂系列"小说［J］.学术论坛，2016，39（10）：107-112.

［13］徐刚."雾霾"隐喻，或"构形"城市的方法——《王城如海》的"北京叙述"［J］.当代作家评论，2019（5）：112-118.

［14］徐则臣，张艳梅.我们对自身的疑虑如此凶猛［J］.创作与评论，2014（6）：122-128，121.

［15］许苗苗.从定位到无界——媒介与都市空间的生成［J］.华南师范大学学报（社会科学版），2019（2）：17-23，191.

［16］阎嘉.戴维·哈维的地理学与空间想象的维度［J］.四川师范大学学报（社会科学版），2013，40（6）：72-79.

［17］阎嘉.视觉艺术中的后现代空间：戴维·哈维如是说［J］.学习与探索，2015（11）：121-127.

后 记

后 记

小时候生活在乡村，一直被灌输的是"志在四方"与"走出去"。于是，用了大半生的时间，把根从家乡的土地里拔起，用知识与坚韧做双腿，挤入被称作"城市"的乌托邦。个中滋味，既不像本雅明笔下的"游荡者"那样，能坦然做一个冷眼旁观者，也不能像城市的原住民那样，习惯并沉浸于城市的花火。在"城"与"乡"两个完全不同的空间之中，做了一个"漂泊者"。于是，当感性的认知与理性的思考一片混乱的时候，"空间"这个关键词拯救了我。它使很多问题都迎刃而解，不言自明。

当理论研究转向"空间理论"与"空间书写"的时候，我发现这是一个可以将我的生命体验与理论问题结合起来的领域，加之我所就职的学校是北京市属高校，一直强调服务北京的研究方向，"立足北京，扎根北京，研究北京"是一贯的宗旨。于是，我很自然地将所关注的空间理论与北京题材文学书写结合起来，去追问空间、记忆、身份、他者、认同、乡愁的产生原因、文学表征、深层联系，甚至中国式现代化的城乡格局，都在研究的思考范围之内。

不得不说，空间理论是个非常巨大的问题域，投身其中的时候既有深入问题核心一探究竟的可能，也有深陷其中不能自拔的风险。写作本书的过程，是一次理论的冒险，对研究者的功力也是很大的挑战。不过，我的解决方式是，当艰深的理论之犁深耕不动的时候，就启用感性的生命体验，也不失为一种互相补救的方法。

本书就要付梓的时候，原来是想请恩师程正民先生作序的。2024年1月16日，我去家中探望他的时候，他还记忆超群，爽朗健谈，聊得忘情投入之际，竟然忘了托付先生之事。待到春节过罢，还未开学之际，2月20

日早上，突然传来先生仙逝的消息时，悲痛之余，只能为没有让先生再为我的新书操心费力感到一丝心安。深深感谢恩师像对待女儿一样在生活上事无巨细关怀照顾，学术路上谆谆教导指点迷津。写这篇后记的时候，正好是先生离去七日，希望先生在天之灵能感受到学生对他的深深谢意与不舍之情。

深深感谢北京师范大学文艺学研究中心王一川教授、赵勇教授、陈太胜教授，北京外国语大学李建盛教授，首都师范大学许苗苗教授，北京联合大学王德领教授对本书写作的思路方法、修改完善提出了无比宝贵的意见。感谢《北京联合大学学报》孙俊青编辑、《当代电视》王未然编辑对本书部分内容给予的肯定与帮助，发表了部分章节。感谢北京联合大学应用文理学院张宝秀院长、张景秋副院长、李彦冰副院长对本书的关注、督促，使本书最终得以顺利出版。感谢知识产权出版社编辑王颖超博士，以其渊博的学识、认真的态度、通透的心灵感染着我，影响着我。

深深感谢我的家人。父母虽年迈，却仍然为我操劳家务，保证我有时间做科研。感谢我的爱人，对我的能力一直给予充分信心并适度逼迫，在自己也非常忙碌的情况下默默付出了很多。感谢阿飞和朵朵，接受妈妈这个"工作狂"，乖巧懂事得让人心疼。想说的太多，所以选择沉默。

本书受到北京联合大学应用文理学院科研管理费资助（项目编号：21109557199）、北京联合大学"人才强校－百杰计划""改革开放四十年北京城市景观书写变迁研究"（项目编号：BPHR2018CS02）资助。

周春霞

2024 年 2 月 27 日